Liane Dirks

Sich ins Leben schreiben

Für Heidi!
Alles Liebe
Deine
[illegible]

1.11.15

Liane Dirks

Sich ins Leben schreiben

Der Weg zur Selbstentfaltung

Kösel

Originalausgabe

MIX
Papier aus verantwortungsvollen Quellen
FSC® C014496
FSC
www.fsc.org

Verlagsgruppe Random House FSC® N001967
Das für dieses Buch verwendete FSC®-zertifizierte Papier Munken Premium Cream liefert Arctic Paper Munkedals AB, Schweden.

Umschlag: Weiss Werkstatt München
Umschlagmotiv: © plainpicture / Folio Images / shutterstock / antart
Druck und Bindung: GGP Media GmbH, Pößneck
Printed in Germany
ISBN 978-3-466-34615-8

Weitere Informationen zu diesem Buch und unserem gesamten lieferbaren Programm finden Sie unter
www.koesel.de

Inhalt

7 Prolog
17 Vom Umgang mit diesem Buch

21 **Anfangen oder vom Wunder des Werdens**
24 Vom Ursprung und wofür wir das große Staunen brauchen
33 Freude und warum sie Dreh- und Angelpunkt der Reise ist
41 Lust und wie man mit Energien umgeht

49 **Wie man sich rüstet und was man wissen muss**
51 Mut, Vertrauen, Offenheit – die besseren Seiten der Angst
61 Verbundenheit – niemand geht den Weg allein
67 Wehmut – der Geschmack des Abschieds
71 Zeit und Raum für sich allein

75 **Aufbrechen, die ersten Stationen**
77 Das Wort, das alles verändert
84 Eine kleine Lektion im Fliegen
90 Von Landkarten und Sternenkarten

99 **Widerstand, Beistand und lustvolles Lebendigsein**
101 Wenn die wilden Kerle kommen
116 Das Tor und der eine Schritt
121 Auf der bunten Wiese sitzen
125 Vom richtigen Ja- und Neinsagen

135 **Unterwegs sein**
137 Klare Sicht
144 Der sichere Ort
151 Der große Umschwung
161 Vom Wunsch zur Wirklichkeit
173 Vom Umgang mit Zweifeln

183 **Ankommen oder die Ebene des Gelingens**
186 Fülle und wie Sie zum Schöpfer werden
193 Von der Heilkraft des Mit-Teilens
203 Der Durchbruch – wenn alles »shaky« wird
209 Sich ausdehnen in einen neuen Raum
216 Eine Aufforderung zum Spielen
221 Vom Werden und Vergehen
225 Das Ende, das ein Anfang ist

228 **Epilog**

233 Danksagung
234 Quellen und Links

Prolog

Schreiben ist etwas Wunderbares. Schreibend kann man Welten entwerfen, Pläne schmieden, Nachrichten hinterlassen. Schreibend kann man erzählen von dem, was war und von dem, was kommen soll. Schreiben ist Magie. Es stellt nie gesehene Landschaften her und es bewahrt Weisheiten, die drohen, in Vergessenheit zu geraten.

Schreibend kann man Kontakt mit der ganzen Welt aufnehmen, wie viel leichter ist das heute als zu Zeiten, in denen die Schrift erst entstand!

Schreibend kann man aber auch Kontakt zu sich selbst aufnehmen, mehr noch, man kann sich schreibend selbst entdecken. Und schreibend kann man sich sogar begleiten auf einem Weg, der einen selbst immer mehr in Erscheinung treten lässt. Schreibend kann man sich selbst zum Leitstern werden. Dass ich dies entdeckte, ist viele Jahre her und es geschah mithilfe eines Traumes. Damals war ich jung, schmal und das, was man ein verletztes Wesen nennen kann. Meinen Verletzungen nicht zu erliegen, hatte ich bereits beschlossen, aber der Weg der Heilung sollte ein langer, ein schwieriger sein. Vermutlich gehe ich ihn sogar noch immer.

Meinen Beruf hatte ich zu der Zeit schon an den Nagel gehängt, ich hatte fristlos einen festen Angestelltenjob gekündigt, meine junge Ehe ebenso forsch verlassen, doch den eigentlichen Anlass für all das, den Wunsch, Autorin werden zu wollen, wagte ich kaum vor mir selbst auszusprechen. Stattdessen hatte ich zunächst die Welt bereist, versucht, allerorten Gutes zu tun, immer war ich mit einem Auftrag unterwegs – mich für andere zu engagieren schien doch einfacher zu sein, als selbiges für mich zu tun.

Ich lebte mit einem Freund, der sein gut gemeintes Mitleid vor sich hertrug, es erniedrigte eher als dass es mich stärkte, und dennoch lebten wir zusammen. Wir engagierten uns, kämpften für das, was wir für gerecht und richtig hielten, wir eiferten unseren Idolen nach, Jean-Paul Sartre und Simone de Beauvoir, siezten uns zwischendurch sogar wie das berühmte Paar, lasen die Bücher der Anarchisten und tranken den Kaffee schwarz und ohne Zucker.

Mein Zimmer war schön, mein Leben begrenzt. Die Texte, die ich schrieb, litten an ihrer Kürze, aus mir wollte einfach nichts heraus. Und doch hätte das alles noch lange so weitergehen können, wäre da nicht dieser wehmütig gebundene Schmerz gewesen, der von anderem wusste, von Größerem, Tieferem, von Freiheit. Von mir selbst.

Und dann kam dieser Traum, ein eher unspektakuläres Gebilde, gemessen an den Geschichten, die mir meine Seele sonst erzählt:

Im Traum sah ich mich am Rande eines Zeltlagers an einer Kochstelle hocken. Ich rührte langsam und mit Bedacht in einem Kessel, der über dem offenen Feuer hing. Um mich her lagerten noch andere Menschen, die Stimmung war friedlich, das Leben schlicht und aufgeräumt. Ich musste wohl schon lange dort gewesen sein, so jedenfalls fühlte es sich an. Doch dann hob ich den Kopf, so wie es nur im Traum geht, als täte ich es das erste Mal, und ich sah, dass wir unmittelbar am Rand eines Deiches lagerten, auf dessen Kuppe ein Weg verlief. Auf diesem Weg zogen unzählige Menschen vorbei. Jetzt erst bemerkte ich es und indem ich es bemerkte, wurde mir bewusst, dass es schon immer so gewesen war. Die Stimmung auf dem Deich war ebenfalls ruhig und friedlich. Jung und Alt gingen dort, Groß und Klein, Menschen aller Haut- und Haarfarben, sie trugen einfache Kleidung und sie trugen kostbare Kleidung. Und sie taten nichts als das, sie gingen. Sie schritten voran.

Ich erwachte. Und auch wenn dieser Traum nur wenig erschütternd wirken mag, ich war erschüttert. Zutiefst. Alles in mir bebte, ich weinte fürchterlich und vertraute mich nach Stunden des nicht enden wollenden Schmerzes einer Freundin an. Diese Freundin war Musiktherapeutin und befand sich zum damaligen Zeitpunkt in einer psychoanalytischen Lehranalyse. Sie hatte also in jeder Hinsicht ein offenes Ohr. Ich erzählte ihr von dem Lager, in dem ich mich befunden hatte, von dem Weg und von den vielen Menschen, die auf ihm gingen. Sie sah mich nur kurz an und lachte dann laut auf: »Ja«, sagte sie, »ich frag mich auch schon lange, was du am Wegrand machst. Worauf wartest du noch?«

Ich war fassungslos. Denn mein Bild von mir war das einer Frau, die doch schon wagemutig und verwegen einen großen Schritt in ihrem Leben getan hatte, die doch immer aufstand: für Gerechtigkeit, gegen Atomkraft, für Frieden, für die Frauenrechte, für andere.

Aber nicht für mich selbst.

Ich verstand augenblicklich.

Und dann erhob ich mich und das mache ich bis heute.

Dieses Buch ist für all diejenigen, die aufstehen wollen, die sich erheben wollen, die den Lagerplatz vertrauter Sicherheit und des Bekannten verlassen und ebenfalls voranschreiten, die den Weg gehen wollen.

Es ist ein Weg, der nach innen führt, zu unserem Selbst, zu dem oder zu der, die wir eigentlich sind, jenseits von Zuschreibungen, ein Weg der Selbstentfaltung, auf dem wir uns zeigen lernen mit allem, was uns innewohnt, leuchtend, zart, kraftvoll, zerbrechlich, schön und durch und durch lebendig. Es ist der Weg in die Freiheit. Er endet nie. Doch je länger man ihn geht, desto leuchtender, weiter, größer wird diese Freiheit, desto schöner wird die Landschaft, die man durchschreitet, desto erhabener werden die Ausblicke und desto größer wird die Würde derer, die ihn gehen.

Der Weg ist anspruchsvoll, manchmal muss man sich zwischendurch wieder hinsetzen und ein wenig ausruhen, doch dieses Ausruhen ist ein anderes als das lange Abwarten zu Beginn der Reise. Wer je bewusst begonnen hat, den Weg zu gehen, der geht ihn weiter. Ein Zurück gibt es nicht. Wer den Weg der Selbstentfaltung geht, der entfaltet sich. Wer sich ins Leben schreibt, der schreibt selbst und wird nicht länger be-schrieben. Und wer sein Leben schreibt, der wird vom Opfer seiner Geschichte zu deren Schöpfer.

Ich habe mich ins Leben geschrieben und bin den Weg der Selbstentfaltung gegangen und ich gehe ihn immer noch. Das Schreiben ist eines meiner größten Hilfsmittel, mehr noch, es war und ist mein Begleiter. Es verleiht mir Ausdruck und Halt, es bietet mir Entdeckungen und Einsichten, wie man sie nur im kreativen Tun machen und erlangen kann. Von Anfang an kamen aber auch andere Helfer hinzu, Meister und Meisterinnen, Lehrer und Lehrerinnen. Ich habe sie gesucht, sie haben mich gefunden. Begegnungen, vom Shaolin-Mönch zur Mystikerin, vom Zen-Priester zur Auschwitzüberlebenden, vom Quantenphysiker zu den Dichtern, Künstlern, Autoren, zu meinen Kindern und Partnern. Natürlich brachten mich auch die Bücher weiter. Das Leben war mein größter Lehrmeister, die Lektionen waren heftig, der Tanz zum Teil recht wild. Und immer war da die Sprache, die mir half zu begreifen und das Begriffene auszudrücken.

Mein Leben als Autorin, Journalistin, als Mutter und Frau, meine christliche Herkunft und meine mehr als drei Jahrzehnte lange, zum Teil recht intensive Praxis in Meditation und innerer Einkehr, die Unterweisungen in den verschiedenen Weisheitstraditionen – all das verschmolz dabei miteinander. Und das war und ist gut so. Mit Beliebigkeit hat diese Erfahrung nichts zu tun. Im Gegenteil. Etwas in mir wurde dabei immer genauer und zugleich offener und weiter. Mein Interesse galt parallel zum sogenannten spirituellen Weg immer auch, ja sogar überwiegend, dem Weg des Künstlers, dem kreativen Prozess mit all seinen spezifischen Abläufen.

Die damit verbundenen Fragen treiben mich bis heute um: Wie entsteht Neues? Woher kommt ein Musikstück – zuvor noch nie erklungen; ein Bild – in Form und Farbe einzigartig; ein Roman – woher kommt diese Geschichte, und wieso hat seine Sprache diesen einzigartigen Klang? Ein Garten – wie nimmt er Gestalt an? Wie entfaltet sich eine Idee und wie materialisiert sie sich? Welche Bedingungen braucht das Neue und welche Bedingungen brauchen wir, um neu zu werden?

Auf all den Wegen, die Freiheit und Erkenntnis allein im Innen suchen, in der Stille, mit den Methoden der Kontemplation, der Meditation, in Abgeschiedenheit und Einkehr, beobachtete ich bei den Praktizierenden immer wieder einen Mangel an gelebter Umsetzung. Aber geht es nicht genau darum, die Erkenntnis im eigenen Leben auch anzuwenden, die Veränderung auch in die Welt zu tragen?

Ich bin der tiefen Überzeugung, dass Innen und Außen nichts Getrenntes sind, sondern sich im ständigen Austausch gegenseitig bedingen und verwandeln und dass deshalb der Ausdruck von Freiheit ein kreativer, ein schöpferischer, ein künstlerisch das Leben gestaltender ist. Dem Werden Ausdruck verleihen, das Neue in Bewegung setzen, die Schönheit feiern, das ist Menschsein.

In diesem Prozess war und ist für mich das Schreiben die Konstante. Meine Geschichte, mich in Worte zu fassen, vor allem aber, die Erfahrung des Weges in Worte zu fassen, das war mein »Fahrzeug«, wie es die Buddhisten nennen würden, pragmatisch kann man sagen: meine Methode. Ich nenne es gerne »mein Leitstern«. Und tatsächlich wurde ich auf diese Weise mir selbst zum Leitstern.

Mich ins Leben zu schreiben bedeutete, das Trauma meiner Kindheit, den jahrelangen Missbrauch, zu überwinden; es bedeutete, die Erfahrung der Ausgrenzung, Verachtung, tiefen Verunsicherung hinter mir zu lassen und auch die Stigmatisierung als Opfer abzulegen. Denn etwas in mir wusste von Anfang an, dass mir zwar Schreckliches geschehen war, ich aber dennoch nicht auf das Geschehene zu reduzieren war. Da war dieses Leuchten, das sich in die Welt tragen lassen wollte, und zwar durch mich, so wie ich war und bin. Mich ins Leben zu schreiben bedeutete, meinen sicheren, freien Ort in mir zu finden und von ihm aus zu handeln gegen alle Widerstände, und es bedeutete auch, zu lernen, dass Leben nicht nur Widerstand ist. Es bedeutete, Hilfe anzunehmen, verletzlich zu bleiben, sich führen zu lassen. Mich ins Leben schreiben bedeutete, dem Tod zu begegnen, dem ich bei der Geburt meines zweiten Kindes gerade noch einmal entkommen war, und dem Schmerz, der Ohnmacht, der nicht enden wollenden Trauer, als mein früherer Lebensgefährte mit seinem Kind bei einem Unfalltod starb.

Schreibend konnte ich nicht nur begreifen und verarbeiten, ich spürte auch, dass ich schreibend das Geschehene verwandelte. So erschütternd die Ereignisse auch waren, immer wieder fand ich den Zugang zu der Schöpferkraft in mir selbst. Nie war ich ohnmächtig. Selbst in den schwärzesten Stunden tiefster Trauer spürte ich, dass all dies Teil eines unendlichen Entfaltungsprozesses war, Teil einer Reise, die mich zu mir selbst führte und zugleich immer tiefer und bewusster in all die Dimensionen des Lebens. Ich führte Korrespondenz mit dem Leben und ich war zugleich mein Leben; ich formte es, ich war Mitgestalterin.

Nach einiger Zeit bemerkte ich, dass es, in gewisser Hinsicht, mit dem Leben nicht anders war als mit dem Schreiben meiner Romane. Die Welten, die hierbei entstehen, entstehen nicht allein durch mich. Immer ist Schreiben ein Akt der Begegnung, das, was in uns ist, begegnet dem, was geschrieben werden will. Da wartet etwas auf uns, es wartet darauf, in Erscheinung zu treten, sich zu entfalten. Schreiben ist Begegnung und Leben ist Begegnung und beides ist unentwegte Verwandlung, Ausdruck des Schöpferischen.

Was ich dabei erfuhr, war, dass trotz aller Widerstände dieser Akt kein Kampf sein muss und dass der kreative Weg zur Selbstentfaltung ein organischer Prozess ist, ein Prozess, in dem man sowohl selbst gestaltet als sich auch dem Leben anvertraut. Ich erfuhr, dass die Aufgaben, die das Leben stellt, uns zwar wachsen lassen können, doch sie sind nicht die Ressourcen. Unsere Ressource ist die Lebensfreude, nicht die Not; wir schöpfen viel mehr aus dem Leuchten, der Liebe, der Lust, der uns innewohnenden kreativen Kraft. Keiner meiner Romane entstand aus Not, alle entstanden aus Lust am Entstehen lassen. Und die Schritte der Selbstentfaltung in unserem Leben sind Ausdruck der Lebensfreude, der Lebendigkeit selbst.

Selbstentfaltung ist kein zielorientiertes Projekt. Es ist mutiges, kreatives Anvertrauen in die Schöpferkraft des Lebens, die uns innewohnt. Der Prozess des »Sich ins Leben schreiben« ist die bewusste Eröffnung eines Briefwechsels mit eben dieser Schöpferkraft. Es ist nicht überhöht, wenn ich sage, dass ich durch diese Entdeckung und Erfahrung erst wirklich das Gefühl hatte, Mensch zu werden, ein ganzer Mensch, ich selbst.

Inzwischen habe ich diese Erfahrung und dieses Wissen vielen Menschen weitergeben dürfen und so konnte ich meine Erkenntnisse auch an anderen überprüfen. Und jetzt gebe ich diese Erfahrung erzählend an Sie weiter.

Es sind Erfahrungen, die dort einsetzen, wo unsere alten Geschichten aufhören, wo die alten Erzählmuster nicht mehr greifen. Denn auch dies habe ich immer wieder beobachtet: Trotz der zahlreichen Entwicklungsmöglichkeiten, die uns heute zur Verfügung stehen, bleiben viele von uns inmitten von Wunsch und Möglichkeit stecken.

Woran das liegt? Uns fehlen die Landkarten.

Vor noch nicht allzu langer Zeit hatten wir sie noch, die exakten Anweisungen für den Weg, es gab feste Routen, Abschnitte, Wegweiser und Erfahrungsberichte. Und wer die Reise antrat, der war ein Held oder eine Heldin. Und das Muster der Erzählungen über diese Reise wurde deshalb »Heldenreise« genannt.

Heute aber geht die Reise weiter. Wir sehnen uns nach mehr, die bisherige Entwicklung kommt zu einer Art Abschluss. Was wir erreicht haben, stößt an seine Grenzen, Grenzen, die einengen. Heute geht es nicht mehr allein darum, ein bestimmtes Ziel zu erreichen, heute sehnen wir uns danach, unsere bis dato errungene Einzigartigkeit nicht in Abgrenzung, sondern in Verbundenheit mit der Größe, Schönheit und Vielschichtigkeit des Lebens zum

Ausdruck zu bringen, das erfordert neue Schritte und neue Wege. Moderne Helden reisen anders.

Heute geht es nicht mehr darum, das eine, klare Ziel zu erreichen, die eine Form der Verwirklichung. Heute sehnen wir uns danach, im Wandel heimisch zu werden. Heute ist der Weg ein kreativer Prozess und zugleich ist er die tiefe Bewusstwerdung dessen, wer wir im eigentlichen Sinne sind. Und auch ist nicht mehr allein der Weg das Ziel, heute ist das Ziel ebenso die Landschaft, die wir auf unserer Reise durchschreiten und zugleich entwerfen. Wer heute die nächsten Schritte auf der Lebensreise gehen will, der möchte selbst zum Gestalter, zum Schöpfer dieser Reise werden. Es ist nicht länger ein auferlegter, mit Mühsal belegter Pfad, es ist eine Reise, die wir aktiv gestalten. Dafür gibt es keine vorab festgelegten Routen. Wir machen neue Erfahrungen, denn wir gehen in eine neue Zeit. Und das ist das, wonach wir uns sehnen, ein neuer Mensch zu werden, ohne das Alte zu verleugnen. Der neue Mensch will ein ganzer Mensch sein, heil, ganz und frei. Er will sowohl die Vielgestaltigkeit des Lebens verkörpern als auch dessen Einzigartigkeit. Das ist eine ganz neuartige Aufgabe.

Dass hierbei die Arbeit mit dem Wort, das Schreiben, ein wundervolles Hilfsmittel ist, leuchtet ein. Denn das Wort ist seit eh und je der Mittler zwischen unseren Gedanken und Absichten und unserem Tun, der aktiven Umsetzung. Darum gibt es in diesem Buch viele Übungen, die man schreibend ausführt. Schreibend kann man sich nicht nur über Gelebtes vergewissern, sondern auch das Kommende in die Welt rufen. Das Schreiben ist ein Hilfsmittel, um uns im Co-Schöpfertum einzuüben. Denn das werden wir auf diesem Weg, wir werden Co-Schöpfer, bewusste Gestalterin, bewusster Gestalter des Wandels.

Sie haben also keinen Ratgeber in der Hand und schon gar nicht verspreche ich das Glück, auch wenn es das Ergebnis sein kann. Auch werden Sie von mir nicht hören, was Sie schon kennen, dass der Weg das Ziel ist, selbst wenn man das meinem Traum von damals zufolge meinen könnte. Der Weg ist nur ein Teil des Ganzen. Und hier geht es um das Ganze! Wir entwerfen die Welt, unsere Welt und auch die der anderen neu, wenn wir sie bewusst durchschreiten. Und ebenso gilt: Diese Welt kommt auch neu und anders auf uns zu.

»Komm ins Offene, Freund!«[1] so hat uns Hölderlin schon gerufen. »Komm ins Offene, Freundin!«, möchte ich hinzufügen.

Vom Umgang mit diesem Buch

Auf der Reise zu uns selbst will Ihnen dieses Buch Schritte nahelegen, Sie vertraut machen mit einem Kurs, den Sie letztlich selbst wählen und einschlagen. Natürlich gibt es so etwas wie Erfahrung, aber wir alle wissen, dass wir in jeder Hinsicht in einer Zeit des Umbruchs und des Wandels leben, mehr denn je, und deshalb erfahren Sie hier nicht, wie Ihr Weg »geht«, Sie erfahren vielmehr, wie Sie Ihren Weg gestalten können. Und indem sie gestalten, gestalten Sie die Welt. Diesem Prozess ist Heilung innewohnend.

Sie können dieses Buch lesen, Sie können aber vor allem mit ihm arbeiten, Sie finden nach jedem Kapitel Anleitungen dafür. Vielleicht wollen Sie erst einmal alles auf sich wirken lassen und dann erneut von vorn beginnen, um die Übungen mitzumachen. Es ist wichtig, dass Sie sich dabei so viel Zeit nehmen, wie Sie brauchen. Und wie viel Sie brauchen, das wissen allein Sie selbst. Aus meiner Erfahrung heraus bewirken schon die ersten Kapitel oft eine völlig neue Sicht auf die jetzige Lebenssituation. Geben Sie all dem Raum, Atemraum. Heimisch zu werden im Wandel ist kein Projekt, das man etappenweise »durchziehen« kann. Zwar werde ich von Abschnitten der Reise erzählen, diese sind aber nur Markierungen eines organischen Prozesses. Sie helfen, uns selbst beim Werden zu beobachten, uns selbst zu begleiten.

Das Buch bietet kein Programm, ich empfehle aber unbedingt, die Abschnitte nach und nach durchzugehen und nicht vorauszugreifen. Wiederholen können Sie, so oft Sie wollen. Die auf jedes Kapitel folgenden sogenannten *Impulse* sind Anregungen, sich schreibend zum Gelesenen in Beziehung zu setzen. Das Schreiben dient der Reflexion und der Gestaltung gleichermaßen. Und je öfter Sie schreiben, desto mehr werden Sie merken, dass der Gestaltungsprozess selbst Sie führt. Es geht also nicht darum, besonders gelungene Texte zu verfassen, sondern zu beobachten, was Ihnen Ihre Texte offenbaren, was sich durch das Schreiben in Ihnen klärt und entsteht.

Oft finden Sie Zeitvorgaben für die Übungen, das sind Erfahrungswerte. Es tut gut zu merken, wie viel man in dreißig Minuten schreiben und erkennen kann, und außerdem entzieht die zeitliche Begrenzung der Ausflucht den Boden, dass das alles zu viel sei und wir keine Zeit hätten. Sie haben Zeit! Wenn man pro Woche keine halbe Stunde für das Eigentliche übrig hat, wird es dringend Zeit, den Umgang mit der Zeit zu ändern, oder nicht? Gerade anfangs hilft die begrenzte Schreibzeit auch, nicht zu sehr abzuschweifen, ganz nebenbei ist dies also auch eine Einübung in Fokussierung. Und selbstverständlich können, sollen, dürfen Sie danach das Geschriebene erweitern und ergänzen.

Ganz nebenbei werden Sie, während Sie mit dem Buch arbeiten, Ihren eigenen Lebensroman schreiben und dabei das schöne Gefühl entdecken, was es heißt, sich im Wort aufgehoben zu fühlen, Heimat zu finden in der Schrift.

Einzelne Übungen lassen sich wieder und wieder durchführen. Nicht nur ich, auch meine Seminarteilnehmer haben damit jahrelange Erfahrung gesammelt. Manchmal reicht es schon, eine Seite zu schreiben, um sich wieder »einzunorden«. Die Übungen helfen, immer wieder zurück auf den Pfad zu kommen und sich nach dem auszurichten, worum es eigentlich geht: Unser ganzes Potenzial zu entfalten, um so ein ganzer Mensch zu werden.

Ich bin Autorin, Schriftstellerin. Ich versuche, in diesem Buch »Klartext« zu schreiben. Wenn ich einen Roman schreibe, so fußt auch er auf meinen Erfahrungen, auf Anregungen, auf Recherche, aber dann muss ich beim Schreiben meinen eigenen Zugang entwickeln und meine eigene Sprache finden, um meine Geschichte selbst zu erzählen. Ohne Zitate, ohne Absicherung, ohne Rückhalt, nur so entsteht ein neues Werk.

Da es hier, in diesem Buch, darum geht, diesen Prozess der Entstehung auch auf unser Leben zu übertragen, habe ich größtenteils bewusst darauf verzichtet, das, was ich schreibe und sage, mit Querverweisen, Zitaten, Belegen und Studien zu unterfüttern. Sie werden dementsprechend nur an den wenigen Stellen Zitate finden, an denen sie einfach unabdingbar sind. Beim Prozess des »Sich ins Leben schreiben« geht es ja gerade darum, die eigene Sprache, den eigenen Ausdruck zu finden, und beides haben wir alle.

In meine Seminare kommen auch Menschen, die nicht so gern mit dem Wort arbeiten, für manche ist das Malen und Zeichnen ein adäquater Ausdruck, für andere die Gartenarbeit, die Musik oder die Art, wie sie ihr Umfeld gestalten. Der Weg der Selbstentfaltung ist ein ganzheitlicher Weg, nichts bleibt außen vor. Ich möchte Ihnen dennoch nahelegen, die Schreibübungen zu machen, sie bringen Klarheit und haben Aufforderungscharakter.

Ihren inneren Kritiker, Ihre Ansprüche an das vermeintlich gute Formulieren, an die Rechtschreibung und die Grammatik, das alles legen Sie bei diesen Übungen beiseite. Sie schreiben einfach, um zu erkennen und Sie erkennen, um zu verwandeln. Sie schreiben sich ins Leben ein, das ist die beste Universität, denn sie hat alle Fakultäten.

Auf dem Weg der Selbstentfaltung werden Sie Ihr eigener Leitstern werden. Sie schreiben Ihren eigenen Text, Ihren Lebensroman. Dabei werden Sie sich verändern und nicht nur sich, sondern auch ihre Welt. Im Wechselspiel mit den Bedingungen des Lebens wird diese Reise zu einem Tanz, das Buch bringt Ihnen lediglich ein paar Tanzschritte bei, die Musik spielen Sie selbst, und aufstehen, um zu tanzen, um zu reisen, um den Weg ins Neue zu gehen, das müssen und können nur Sie allein.

Dafür müssen Sie eine Entscheidung treffen, ein erstes großes Ja sagen.

Auch wenn Sie jetzt weiterlesen, treffen Sie eine Entscheidung. Entscheidungen soll man mit offenem Geist und offenem Herzen treffen und mit Eindeutigkeit, mit Klarheit: Ja oder Nein. Halbe Entscheidungen sind keine Entscheidungen. Sie führen zu gar nichts. Wenn Sie lesen, dann seien Sie offen, dann kann auch Ablehnung zur Erkenntnis führen, dies ist geradezu Teil des Weges: Sie prüfen, Sie entscheiden. Es ist Ihr Weg, Ihre Reise. Sie übernehmen die Verantwortung, vielleicht tun Sie das sogar, in einem tiefer gehenden Sinn, zum ersten Mal bewusst und wirklich.

Aber das gilt nur, wenn Sie sich vom Lager erheben und voranschreiten wie die Menschen in meinem Traum. Es hilft in diesem Fall nichts, nur kurz den Allerwertesten anzuheben. Das ist der erste Schritt ins neue Land. Sie müssen sich entscheiden. Wollen Sie auf diese Reise gehen oder wollen Sie es nicht?

Wollen Sie weiterlesen oder nicht?

Anfangen oder vom Wunder des Werdens

Die nächsten Kapitel sind die wichtigsten. Und das liegt daran, dass sie den Anfang darstellen. Den Anfängen wohnt nicht nur der oft zitierte Zauber inne, den Anfängen wohnt alles *inne.*

Eigentlich müsste man ein ganzes Buch nur über das Anfangen und all die Anfänge in unserem Leben machen. Dem ersten Funken wohnt das Feuer inne, dem ersten Blick in ein Paar Augen die ganze Macht der Liebe, dem Samenkorn, das wir in die Erde legen, der Baum. Vielleicht eine Eiche mit ihrer altehrwürdigen Ausstrahlung, vielleicht ein eleganter Ahorn, vielleicht ein duftender, Nahrung gebender Apfelbaum. Der Baum wird vielleicht zehn Jahre alt, vielleicht kommt aber auch ein Gärtner und reißt den Sprössling aus. Die Menschen, die sich ansehen, dürfen sich vielleicht gar nicht lieben, man verbietet es ihnen. Der Funke wird womöglich sofort gelöscht, vielleicht wird er aber auch weitergetragen und löst ein Buschfeuer aus.

Im Anfang ist tatsächlich alles enthalten, punktgenaue Eindeutigkeit – niemals kann aus einem Feuerfunken Wasser werden und aus dem Apfelkern nie im Leben ein Fisch – und doch sind zugleich alle nur denkbaren Möglichkeiten für diesen einen Anfang da. Und das ist das große Geheimnis, das Wunder des Werdens.

Dem ersten Satz kann ein Roman innewohnen, der erste Pinselstrich entscheidet ein Bild, der erste Schritt auf unserem Weg ins Freie birgt bereits die Freiheit.

Anfänge kann man gar nicht bewusst genug begehen, sie haben et-

was Heiliges. Anfangen will aber auch gelernt sein. Meistens bemerken wir gar nicht, dass wir etwas anfangen, und schon gar nicht, wie, und das wird uns im Fortlauf gnadenlos gespiegelt, wenn uns unsere Geschichten überrollen und all die kleinen und größeren Katastrophen uns zum Spielball des Geschehens machen.

Bewusstes Anfangen bedeutet Wertschätzung: dessen, was man tut, und dessen, wer man ist. Und weil das so ist, bedeutet Anfangen zugleich immer auch bereits Ankommen. Sobald Sie sich bewusst auf den Weg der Selbstentfaltung begeben, kommen Sie an. Eine Einsicht und ein Erlebnis, das erschütternd sein kann, erschütternd schön.

Richtiges Anfangen zu erlernen, verändert Ihr Leben in allen Bereichen, und zwar radikal, denn bereits hierdurch werden Sie selbst zum Schöpfer.

Und darum geht es, wenn man sich einschreibt ins Leben, in die Schule der Lebendigkeit und der Kreativität.

Vom Ursprung und wofür wir das große Staunen brauchen

Stellen Sie sich das vor: Eine riesige Kugel gleitet, sich langsam und behäbig drehend, durch ein dunkles, namenloses All, das gefüllt ist mit Raum und Leere, Milliarden anderer riesiger Kugeln und einer großen Portion Geheimnis. Das, um was sich die Kugel dreht, wird später Sonne heißen. Noch aber ist alles unbenannt. Die Kugel selbst ähnelt einer Sonne, ein wabernder, spuckender Feuerball; sie speit Magma, es fliegt ins Universum hinaus, denn da ist noch keine Hülle, die das Werdende schützt. Millionen Jahre lang ein schwarz-rot-oranger Zauber, den niemand sieht, der aber stattfindet. In diesem großen Szenario kühlt die Kugel langsam ab, sehr langsam, wobei ein Zweites entsteht, eine Art äußere Kugel, die die innere schützend umgibt. Und dann, als die Oberfläche erkaltet ist, fängt es irgendwann an zu regnen. Und es regnet, regnet, regnet, jahrtausendelang. Regen, immerzu.

Irgendwann bildete sich aus all dem Niederschlag das Urmeer, und als das geschah, erschien zugleich das Land. Und in diesem Urmeer fing irgendwann einc Art Leben an und das Land überzog wiederum Millionen Jahre später ein Hauch von Grün, womit es sich die Bezeichnung »Land« schon ein wenig mehr verdient hatte, und dann regnete es wieder jahrtausendelang. Aus dem schmalen Grün wurden Gräser und Büsche, die Urahnen unserer Bäume. Den Fortgang der Geschichte kennen wir, zumindest einigermaßen. Dem Meer, das sich inzwischen in mehrere seiner Art geteilt hatte, entstiegen Tiere, sie eroberten die Luft und das Land und aus den Tieren ging irgendwann der erste Mensch hervor, womöglich ein Affe, der die Schönheit entdeckte.

Vom Ursprung dieser Welt gibt es viele alte Geschichten, Mythen. Mal ist es ein Ei, dem alles entschlüpfte, dann eine Silbe, das heilige Aum oder Om, aus deren Klang heraus sich die Welt entfaltete, dann wieder ist es Gott oder die Leere, die plötzlich Sehnsucht nach einem Gegenüber bekam. Mal geschieht etwas, indem ein Name gegeben wird, und mal liegt der Auslöser, wie bei Aristoteles, beim ersten unbewegten Bewegenden, *primum movens*. Und heute erzählen uns die neuen Geschichten, dass es eine sogenannte Singularität gewesen sei, ein Urknall, der alles erzeugte, auch sich selbst. Welche dieser Erzählungen wir nun bevorzugen, eher die poetischen oder eher die vermeintlich sachlichen, sie alle erzählen von etwas, dem man nur mit großem Erstaunen begegnen kann, von etwas, das plötzlich einfach da war, und zwar ohne Grund, ohne ein »Warum«. Sie erzählen vom Entstehen ohne Anfang und das, was entstand, sind wir. Bis heute wird die Menschheit nicht müde, sich diese Geschichten auf die eine oder andere Art immer wieder zu erzählen, das große Wunder zu erforschen, dass etwas zwar keinen Anfang, aber solche immensen Folgen hat.

Und warum erzähle ich Ihnen das?

Weil die Geschichte vom Entstehen, diese eine große Geschichte, wie alles entstanden ist, wie wir entstanden sind, weil diese Geschichte uns so viel über das Anfangen lehrt. Und das Erste, was sie uns lehrt, ist, dass der Anfang aller Anfänge ein großes Geheimnis ist. Etwas, das wir mit unserem Verstand allein nicht fassen können. Und sich dies bewusst zu machen, ist der Anfang jeder Reise.

Ist es nicht eigenartig, dass das Nachdenken über unser aller Anfang, dass all diese Geschichten keine Angst machen? Immerhin geht es hier um etwas Gigantisches, um eine nicht vorstellbare Kraft. Stattdessen erfüllen uns diese Erzählungen mit Staunen, mit Ehrfurcht und mit einer gewissen Wärme, ja Geborgenheit, die ausgerechnet dann entsteht, wenn wir wissen, dass wir nicht wissen. Vielleicht liegt es ja daran, dass keine dieser Geschichten vom Bösen erzählt, vom Guten allerdings auch nicht. Noch ist nichts da, was zu fürchten oder zu überwinden ist, es gibt auch noch keine Ziele und es wird auch noch nichts »gemacht«. Entstehung, in ihrer reinen Form, findet jenseits der Kategorien von Wollen und Tun, von Erfolg und Misserfolg, von Mut und Angst, von Gelingen und Misslingen statt. Und doch entstand auf diese Art das Größte, das wir uns nur vorstellen können, denn jenseits unseres Kosmos können wir uns (bis jetzt) nichts vorstellen. Das, was entstand, birgt alles und alles, was entstand, lässt sich zurückführen auf dieses Eine, den Ursprung. Und in allem, was ist, ist dieser Ursprung enthalten, denn es ging aus ihm hervor. Ist das der Grund, warum wir eine gewisse Vertrautheit mit diesem Wunder unterhalten? Weil es allem innewohnt?

Wie auch immer, es steht nur eines fest, die Sache bleibt ein Geheimnis. Ein Geheimnis, das uns und allen Entwicklungen eingewoben ist: Da wir alle diesem einen Ur-Ort entstammen, hat er sogar etwas von Heimat.

Es ist dies der Raum, und kein anderer, aus dem heraus wahre Kreativität entspringt, und im Laufe dieses Buches werden wir lernen, uns aktiv in ihn hineinzubegeben und uns aus ihm heraus zu entfalten. Es ist der Ort ohne »Wenn und Aber«, der Zustand des Werdens. Es ist der Ort echten Beginnens. Denn das, was sich entfalten möchte, hat noch keine Bedingungen, die es erfüllen muss. Es ist der Nullpunkt, der Ort größter Freiheit, größter Offenheit, voller Möglichkeiten. Wir suchen ihn auf in jener gedankenlosen Wachheit der Meditation, Künstler schöpfen aus ihm und die Liebe entspringt ihm. Es ist ein Ort und es ist zugleich ein Moment, denn Raum und Zeit fallen im Augenblick absoluter Präsenz zusammen. Und dies entspricht genau dem, was aller Anfang ist: Raum und Zeit ungetrennt als reines Potenzial.

Es ist erstaunlich: Was wir erreichen wollen, Freiheit, Offenheit, Entfaltung, ohne Einschränkungen, es ist unser aller Anfang. Zwar gibt es keine Umkehr – kaum hat es geknallt, da waren Raum und Zeit auch schon da –, aber diesen Samen bedingungslosen Werdens tragen wir in uns, alles trägt ihn in sich. Und manchmal spürt man ihn, dann werden wir vom Zauber des Anfangs berührt und können sogar einen gedehnten Augenblick lang in ihm verweilen: vielleicht beim Anblick der aufgehenden Sonne, beim Halten eines Neugeborenen, oder wenn sich die Blütenblätter einer Blume voneinander lösen und sie uns ihren Kelch darbietet. Und wie oft geschieht es bei einer Begegnung mit einem Menschen, der in unser Leben tritt, dass wir, kaum ihn erblickend, wissen: Nun wird sich alles verändern, nun fängt etwas Neues an.

Alles Nachklänge des einen großen Anfangs, alles ist offen, alles ist möglich und zugleich ist nichts, aber auch gar nichts beliebig. Hätte sich im Anbeginn auch nur die allerwinzigste Verschiebung ergeben, dann wäre all dies hier nicht. Im größtmöglichen, ja, eigentlich undenkbaren Rahmen läuft Entstehung, Kreation mit ebenso unvorstellbarer Präzision ab. Sich diesem Paradox zu öffnen, ist entscheidend auf dem kreativen Weg.

In unserem Alltagsleben fällt uns freilich die Vorstellung von etwas, das einfach entsteht, ohne dass wir wissen, wozu und warum, schwer. Ein Impuls, der sich, ohne je wieder aufzuhören, entfaltet, entspricht nicht gerade unseren Erfahrungswerten, sind wir doch gewohnt, wenn nicht sogar trainiert, Anfänge immer gleich mit ihrem Ende, mit dem Ziel verbunden zu sehen. Es beschäftigt uns von morgens bis abends, wann wir aufstehen, wann die Arbeit anfängt, wann sie endet, wann die dumme Talkshow im Fernsehen endlich aufhört und der Spielfilm anfängt, wann wir zu Bett gehen, wann wir endlich einschlafen, wann die Krankheit begann und wann die Schmerzen wohl wieder aufhören … Die Messlatte für all das ist die Zeit. Sie legt ihren mal längeren und mal kürzeren Stab zwischen Geburt und Tod an unser Leben und wir verinnerlichen: Alles hat Anfang und Ende. Und: Anfänge werden gemacht. Oder eben nicht, und wenn das der Fall ist, dann machen wir uns Vorwürfe: Wissen wir etwa nichts mit unserem Leben »anzufangen«?

Ziellosigkeit, das scheint die denkbar größte Untugend zu sein. Eigentlich ist es schon ein Versagen. Wer mit sich nichts anzufangen weiß, der hat kein Lebensziel, und wer kein Lebensziel hat, der … Der ist nichts wert? Dessen Leben hat keinen Sinn? Der kann nicht glücklich sein?

Mit dem Weg zur Selbstentfaltung haben solche Vorstellungen nur wenig zu tun. Eher damit, was es scheinbar nach dem allgemeinen Konsens zu erreichen gilt. Jene Art von Vorgaben, die man mit konkreter Planung umzusetzen sucht: Wohlstand, Anerkennung, Erfolg. Lebensziele, für die man feste Zielvorgaben setzt und zur Erreichung dieser Ziele Strategien entwickelt, um am Ende messen zu können, ob es sich gelohnt hat. Daran ist viel Gutes, doch führen diese Wege allzu schnell und immer wieder auf genau die Bahnen, die man endlich verlassen wollte, auf die eingefahrenen Gleise. Denn die Ziele, die man sich setzt, sind stets nur die bekannten und eben nicht die neuen, nach denen wir uns sehnen, diejenigen, die uns wachsen und lebendig und immer lebendiger werden lassen.

Auch aus diesem Grund erzähle ich Ihnen von unserem großen Anfang: Er lehrt uns nämlich nicht nur das Staunen und zeigt uns den Ursprung aller Entfaltung, er führt uns auch zurück in die Offenheit. Denn bei echten Anfängen ist alles neu, da gibt es noch keine Erfahrung. Planen, im althergebrachten Sinn, lässt sich da ebenfalls nichts. Die dadurch entstehende Freiheit ist ein großes weites Feld, der Weg hindurch wird erst gebahnt, indem wir es betreten. Und den Weg der Selbstentfaltung beginnt man nicht, indem man sich ein Ziel setzt, sondern, indem man einen echten Anfang macht.

Als wir noch Kinder waren, haben wir es besser gewusst, da war das Denken noch gewagter, die Fragen waren größer und der Zugang zur Welt – er stand weit offen.

Alle großen Forscher und Entdecker haben in sich diesen kindlichen Geist wachgehalten, denn nur mit ihm lassen sich die großen Fragen stellen. Und nur die großen Fragen führen zu Entdeckungen, nicht die abgesteckten Ziele. Und Sie? Erinnern Sie sich noch an solche Fragen, was vorher war und woher etwas kommt und wie etwas entsteht? Vielleicht haben Sie sie nicht laut gestellt, nur darüber nachgedacht. Ich zumindest kenne kein Kind, das die Frage danach, wie etwas anfängt, nicht in der ein oder anderen Form erwogen hätte. Vielleicht liegt es daran, dass Kinder dem Wunder der eigenen Herkunft noch näher sind. Aus der Perspektive des Erwachsenen mögen die Fragen nach dem Anfang, dem Woher, naiv anmuten. Doch genau sie sind es, die den Finger auf die Wunde des Vergessens legen. Erinnert an jenen Kindergeist, für den die Welt noch so groß, beeindruckend und voller Geheimnisse war, welchen wir mit leuchtenden Augen gegenüberstanden, berührt uns plötzlich das Eigentliche. Den Anfängen auf die Spur zu kommen, heißt, dem Wunder auf die Spur zu kommen.

Und wie begegnet man dem Wunder? Ich nenne diese Haltung »das große Staunen«. Denn es ist mehr als Neugier, Wissbegierde oder gar Naivität. Weil die Fragen nach dem Ursprung uns auf mehr verweisen als auf eine Welt, in der es nur Ursache und Wirkung gibt. Vielleicht heißt es deshalb im Johannesevangelium: Im Anfang war das Wort. Aber wer hat es gesprochen? Und wer hörte es? Es war ein Wort ohne Gegenüber, denn es war Gott in all seinen Namen. Welch wunderbare Formulierung für etwas, das man nicht formulieren kann. Der chinesische Gelehrte Laotse, selbst übrigens einer, von dem kein bisschen klar ist, ob es ihn überhaupt gegeben hat, nannte dieses Phänomen »Dao«, etwas, das man nicht benennen kann.

Und es ist dieses »etwas«, das uns Staunen macht. Mehr noch: Es macht uns andächtig.

Impuls

Und hier kommt Ihre erste Schreibübung: Nehmen Sie sich Zeit, suchen Sie sich einen angenehmen, schönen Platz aus, möglichst ruhig. Breiten Sie dort Ihr Heft aus oder nehmen Sie Ihren Laptop hervor, je nachdem, wie Sie schreiben mögen. Sorgen Sie dafür, dass Sie nicht gestört werden, und vor allem, dass Sie sich selbst nicht stören. Richten Sie sich ein. Vielleicht brauchen Sie ein Glas Tee oder zumindest etwas Wasser? Schreibt der Stift auch wirklich? Ist der Akku geladen? Haben Sie es warm und sitzen Sie gut? All das sind keine Nebensächlichkeiten, denn wie sollen wir den Prozess würdigen, wenn die Füße kalt sind, der Kugelschreiber nur noch schmiert und das Handy mit einer SMS nach der anderen stört? Schreibzeit ist heilige Zeit, verankern Sie diesen Gedanken von Anfang an in sich.

Und nun gehen Sie mit Ihrer Achtsamkeit noch einmal kurz zu dem, was Sie gerade gelesen haben, etwa so, als schauten Sie von oben auf den Text herab, und dann schreiben Sie selbst. Das Thema lautet:

»Anfangen – endlich!«

Schreiben Sie nach dem Prinzip »erster Gedanke, bester Gedanke«. Das, was Ihnen zuallererst in den Kopf kommt, das nehmen Sie, so lernt man der Intuition trauen, jener unserer Gaben, die uns immer wieder ins Eigentliche führen will. Denken Sie daran, dass es nicht darauf ankommt, einen »guten« Text zu formulieren (das dürfen Sie später gern machen), jetzt geht es darum, sich auf die Spur zu kommen.

Egal, was Ihnen in den Kopf schießt, schreiben Sie es auf, auch wenn es Sie zu etwas vermeintlich ganz anderem hinführt. Schreiben Sie nicht länger als **30 Minuten**, dann gönnen Sie sich eine Pause, am besten mit einem Spaziergang, danach kehren Sie zurück und lesen Ihren Text noch einmal.

Denken Sie kurz noch einmal an das Thema »Anfangen – endlich!«, und schreiben Sie dann:

»Was mir jetzt noch einfällt …«

Dann fahren sie im Text fort mit dem, was Ihnen nun einfällt. Erneut **30 Minuten**. Nicht länger.

Verlassen Sie anschließend Ihren Schreibplatz. Lesen Sie nicht noch einmal, was Sie geschrieben haben, lassen Sie es vielmehr in sich nachklingen. Denn nochmals: Hier geht es nicht um schöne Formulierungen, auch nicht um große Erkenntnisse (selbst wenn beides sich oftmals sehr schnell einstellt).

Hier geht es darum, dem, was jetzt in Ihnen anklingt, zum Ausdruck zu verhelfen. Das ist der erste Schritt auf der schöpferischen Reise.

Freude und warum sie Dreh- und Angelpunkt der Reise ist

Kristallklares Licht und ein Himmel, als sei er frisch lackiert. Es ist noch ziemlich kühl draußen. Die Dinge stehen scharfkantig in der Landschaft, der Forsythienbusch vor meinem Fenster ist noch ohne Blüten, die Bäume kahl, die Erde, wo sie nicht mit den Resten alten Laubs bedeckt ist, nackt. Im Gegensatz zum kalendarischen Jahresanfang beginnt für mich das Jahr, wenn das Licht zurückkommt, wenn die Tage spürbar und nicht nur messbar länger werden. Früher, als das Leben der Menschen noch stärker durch die Rhythmen der Natur geprägt war, fing das neue Jahr erst im März an, ebenso die Schule und die Lehrverträge. Allerdings war dies auch schon der Zeitpunkt, an dem man wirklich loslegen musste, da standen die Abläufe und die Aufgaben schon fest. Im Februar ist man noch näher an dem, was ich Entfaltung nenne. Es ist dieser Moment, »kurz bevor es losgeht«. Und egal, wann Sie dies hier lesen, Sie sind jetzt auch an diesem Punkt. Unsere eigene Entwicklung läuft nämlich ähnlich ab, auch in uns keimt es eine Zeit lang, bevor das Neue sich tatsächlich Bahn bricht. Und es gilt, den Zeitraum »kurz bevor es losgeht« sehr bewusst wahrzunehmen, mehr noch: ihn wertzuschätzen. So wie wir uns später im Jahr an der Ausdifferenzierung erfreuen können, dem ersten Veilchen, der ersten pummeligen Tulpe, dem torkelnden Hummelflug, dem ersten Cappuccino im Straßencafé und dem ersten Spaziergang ohne Winterjacke erfreuen, so freuen wir uns davor darauf, dass genau dies bald kommen wird. Wir freuen uns an der Wahrnehmung der Möglichkeiten, an der Tatsache an sich, dass etwas anfängt.

Ist man also genau, und mit Anfängen sollte man genau sein, dann erkennt man, dass Entfaltung nicht mit einer Entscheidung beginnt und schon gar nicht mit so etwas wie »sich aufraffen müssen«.

Entfaltung beginnt davor. Sie beginnt damit, dass man plötzlich wach wird, aus dem Winterschlaf des vermeintlich Realen erwacht, aus diesem angenommenen Zustand des »so ist das Leben nun mal, da kann man nichts machen …«.

Aber plötzlich hebt man den Kopf und sieht, dass es noch viel mehr gibt. Wie ich es in meinem eingangs geschilderten Traum tat: Aus unerfindlichen Gründen wurde ich plötzlich »wach«. Ich hob den Kopf und sah.

Diesen Moment kann man nicht erzeugen, er ist ein Gnadengeschenk. Man kann sich ihm nur öffnen. Es ist der Moment, in dem das Wunder geschieht. Man sieht die Welt mit frischen Augen. Die Wirklichkeit zeigt sich einem, und was sie anbietet, ist, in ihr zu wirken. Dies ist der Zustand, dem Entfaltung entspringt. Er offenbart sich in und durch Freude. Freude ist der Same, der Entfaltung möglich macht.

Moment mal, werden Sie jetzt vielleicht sagen, das stimmt doch nicht. Not, Furcht, Hunger, Angst, das hat die Menschen weitergebracht. Sie mussten etwas erfinden, um der Not zu entkommen. Weshalb sonst sagt man: Not macht erfinderisch?

Ein fatales Argument, das die meisten Menschen allerdings verinnerlicht haben, weil es so logisch klingt. Bei genauer Betrachtung stellt man aber fest, dass die aus der Not geborenen Erfindungen einzig und allein dazu dienen, die Zustände erträglicher zu machen, also die Not zu lindern. Was selbstverständlich gut ist. Mit dem, um was es uns in diesem Buch hier geht, haben diese Erfindungen allerdings nicht viel gemein.

Das Neue, die wirklichen Entdeckungen und Fortschritte, sie wurden noch nie aus Not geboren. Not ist eng. Sie ist immer nur der Motor, nicht die Quelle der Kreativität. Denn Entfaltung beginnt im Offenen. Wir überwinden die Not, anstatt sie nur in Schach zu halten, wenn wir das Offene entdecken. Und kaum entdecken wir es, nehmen wir seine Energie wahr: Freude.

Freude ist der Türöffner zur Entfaltung. Und sie erzählt andere Geschichten als die von der Überwindung der Not. Sie erzählt von Menschen, die das letzte Buch, das sie besaßen, nicht verbrannten, als sie zu erfrieren drohten, sondern darin lasen. So fanden sie Lebenskraft, die länger loderte als ein nur Minuten andauerndes Feuer. Meine Freundin Krystyna Zywulska hat mir solche Geschichten aus dem Warschauer Ghetto erzählt. Ich werde Ihnen im Fortgang dieses Buches noch einiges, was ich von dieser Frau gelernt habe, weitergeben.

Ich selbst habe lange gebraucht, den Unterschied zwischen Überleben und Leben zu begreifen, oder anders gesagt, den zwischen Entwicklung aus Not und Entfaltung aus der Freude heraus. Es stimmt, erlittenes Leid war der Motor für meine Entwicklung. Ich wollte es überwinden. Es war meine »heilige Wunde«, wie es so schön heißt. Die verschiedenen Therapien, die Psychoanalyse, später die Coachings, all das half zu heilen. Bis es nicht mehr weiterging. Ich hatte eine Stufe im Leben erreicht, auf der die Not besänftigt war, doch das, wonach ich mich sehnte, Entfaltung, Lebendigkeit, Offenheit, innere Freiheit, wirklicher ureigener Ausdruck, war nicht in dem erwünschten Maß eingetreten. Statt aus dem Ur-Impuls des Anfangs, der reinen freudigen

Schöpferkraft, heraus weiterzugehen, entwickelte ich – im Gegenteil – sogar Strategien, die Not immer wieder herzustellen, schien hier doch die Energie zu liegen, die mich voranbrachte. Niemand lehrte mich, dass es Freude und Lust sind und Liebe zum Leben, die mir nun die Kraft geben wollten für den Weg der Selbstentfaltung.

Not hat nichts mit dem Schöpfungsprozess zu tun, Not ist eine Facette des Lebens, mehr nicht. Wir lernen durch sie, wie wir aus allem, was uns im Leben geschieht, lernen. Not ist nicht die Voraussetzung für Entwicklung, wahre Entfaltung basiert auf einer viel größeren Kraft, die eher in der Muße wirkt. Salopp gesagt: Wie man das Gottesteilchen nachweisen kann, diese Idee kommt einem nicht in der Feuersbrunst, sondern beim Duschen.

Dies zu wissen, ist zentral, es lehrt uns, einer neuen Kraft zu trauen, einer Kraft, die uns führen, ja als Indikator dienen kann: Sobald wir reine Freude in uns aufsteigen spüren, wissen wir, dass wir auf der richtigen Spur sind. Es ist die lustvolle Energie des Lebens selbst, die uns aufstehen lässt vom vermeintlich sicheren Lager, um uns zu führen, wohin wir eigentlich wollen: ins Offene.

Und damit sind wir an einem wichtigen Punkt angekommen, der den Unterschied zur bisherigen Auffassung von Entwicklung markiert.

In den Geschichten, die sich die Menschen bisher beispielhaft von denen erzählten, die sich aufmachten, wurden die Helden stets durch äußere Umstände »gerufen«. Sie mussten aufbrechen, ob sie wollten oder nicht, denn es galt, Drachen zu besiegen, Prinzessinnen zu befreien, neues Land zu erobern, Schlachten gegen böse Eindringlinge zu führen. Und wurden sie nicht durch eine Bedrohung von außen gerufen, dann litten sie an einem Mangel in ihrem Inneren, einem Mangel an Liebe, an Einfluss, an

Reichtum, Gesundheit oder Macht. Immer ging es um Eroberung, Kampf und Überwindung. Immer war die Ausgangslage die Not, äußere oder innere.

Ein recht patriarchales Denken und Empfinden steht hinter dieser Erzählhaltung. Doch es hatte berechtigte Gründe. Um zu definieren, wer wir sind, mussten wir Menschen erst einmal lernen, uns abzugrenzen, also zu sagen, wer und was wir alles nicht sind. So entstanden Besitz und Individualität. So entstanden aber auch Gier und Feindschaft. Und das Empfinden von Defizit und Ausgesetztsein hörte deswegen noch lange nicht auf. Das Gefühl von Mangel und Not verselbstständigt sich allzu leicht. Zur Fülle und vor allem zum bewussten Genuss der Fülle findet man nach noch so vielen Kämpfen kaum.

Mal ehrlich: Können wir heute noch sagen, dass wir – hier und jetzt – wirklichen Mangel empfinden oder eine reale Bedrohung, einen tödlichen Angriff auf unsere Existenz fürchten müssen? Eher weniger, nicht wahr? Und dennoch empfinden und hören auch wir einen Ruf, den Wunsch, das Sehnen, das Verlangen, uns endlich ganz entfalten zu wollen. Mit obiger Strategie, mit den Mitteln des Kampfes, werden aber weder diese Wünsche erfüllt noch der Ruf gestillt werden können.

Woher kommt er also, dieser Ruf? Und wohin will er uns führen? Er kommt aus unserer aller Ausgangspunkt, aus dem großen Feld der Möglichkeiten. Es sehnt sich danach, endlich mit uns zu arbeiten. Es sehnt sich danach, dass wir die Scheuklappen der Wahrnehmung, mit denen wir wieder und wieder die alten Geschichten erzählen und die alten, festgelegten Bahnen betreten ablegen. Es sehnt sich danach, dass wir mit ihm und in ihm den Tanz der Schöpfung aufnehmen, dass wir endlich »Darf ich bitten?« sagen.

Dies zu verstehen, bedeutet einen Kurswechsel um 180 Grad. Wir müssen nicht in Not sein, um uns entfalten zu wollen und zu dürfen. Nicht Not ist der Ausgangspunkt der Reise, sondern Freude. Nicht Enge treibt Entfaltung an, sondern Weite, Offenheit.

Solange wir noch im alten Denken verhaftet sind, in unseren alten Lebensgeschichten, solange wir noch glauben, dass allein Mangel uns den Passierschein für die Reise ins Offene ausstellt, so lange werden wir eine seltsame Diskrepanz empfinden zwischen unserem Wunsch und unserer Ausgangslage: Wie darf ich mich nach mehr sehnen, wenn ich doch gar nicht wirklich leide? Ist das nicht zu vermessen? Bin ich überheblich, es geht mir doch eigentlich gut?

Kennen Sie solche Art Gedanken? Man muss nicht Missbrauchsopfer sein, um sie zu kennen. Die Generation der Kriegskinder ist von diesen Vorstellungen geprägt, ja geradezu verfolgt: Wer die Not abschüttelt und sich der Freude hingibt, der verrät die Sippe. Wenn man schon weiterkommen will, dann nur aus einem triftigen Grund. Weder Freude noch der Wunsch, seine Fähigkeiten zu leben, sind ein solcher triftiger Grund. So und ähnlich lauten zumindest die zumeist nur halb oder gar nicht bewussten Lebensgrundsätze dieser Generation, und je weniger bewusst sie wahrgenommen werden, desto wirkkräftiger schreiben sie sich als Muster über Generationen hinweg in die Lebensgeschichten ein.

Insbesondere Frauen ist diese Haltung zu eigen, war es doch jahrhundertelang ihre Aufgabe, den Mangel zu verwalten. Frauen oblag noch nie das Expansive, das Erweitern. Und Männer brauchten stets einen triftigen Grund, um die Reise des Helden anzutreten. Was, wenn dieser Grund ausbleibt? Egal welchen Geschlechts sie sind, nicht wenige Menschen erzeugen in sich einen Zustand von Not, nur um sich die Erlaubnis geben zu dürfen, sich anschließend daraus zu befreien. Es ist uns einfach vertrauter, aus Not heraus zu wachsen denn aus Fülle und Überfluss. Das haben wir (noch) nicht gelernt. Aber das ist genau das, wonach wir uns sehnen. Die alleinige Überwindung der Not führt nie wirklich ins Offene, weil wir bereits am Ausgangspunkt gar nicht in der Lage sind, hinzuschauen, was das Offene ist. Das reine Überwinden von Not führt stets nur in die Absicherung, ja, vielleicht haben wir dann einen höheren Lebensstandard erreicht, vielleicht haben wir es dann bequemer, aber mit Freiheit hat das nichts zu tun.

Nur das Eintauchen in den Ur-Impuls, die pure Freude an der Hervorbringung lässt uns wirklich all unser schöpferisches Potenzial entdecken und verwirklichen. Hier ist die Quelle und nirgends sonst. Die Not trieb uns an, diese Quelle zu suchen. Heute müssen wir lernen, aus ihr zu trinken. Heute geht es nicht mehr um Abgrenzung und Absicherung unseres Terrains, heute geht es um das Teilen. Und Freude ist etwas, das geteilt werden will. Sie wartet geradezu darauf, dass wir es tun. Sie ist der Ruf.

Freude ist der Götterfunke, der Schöpfung Beginn, und sich in Freude und Lebenslust zu verankern heißt, den Bereich des Reagierens zu verlassen und den des Agierens, des Gestaltens zu betreten.

Impuls

Und nun sind Sie wieder dran: Was hat das Lesen dieses Kapitels in Ihnen ausgelöst?

Spüren Sie in sich hinein, denken Sie nach. Holen Sie sich Ihr Schreibheft hervor oder Papier und Stift, denn das folgende schreiben Sie möglichst mit der Hand, da es den ganzen Menschen und damit auch unseren Körper angeht. Und das ist Ihr Thema:

»Sich die Freude wieder gönnen«

Schreiben Sie auf, was Ihnen in den Kopf kommt, auch wenn es vermeintlich nichts mit dem Thema zu tun hat, auch wenn Sie die Gegenrede halten wollen und alles ganz anders sehen. Geben Sie sich **30 Minuten** Zeit.

Vielleicht wollen Sie zusätzlich malen? Alles, was Ihnen zum Thema Freude einfällt? Mit grell bunten Farben auf ein großes Stück alter Tapete? Oder wollen Sie tanzen? Ihre Lieblingsmusik auflegen und sich dazu im Kreis drehen, bis Sie umkippen. So tanzen die Sufis, sie feiern die Schönheit der Schöpfung mit diesem Tanz. Allerdings kippen sie nicht um.

Gibt es etwas, das Sie verlässlich immer wieder an die Freude erinnert? Ein Gegenstand, ein Stein, eine Muschel, eine Feder, ein Bild, ein Foto? Legen Sie es an Ihren Schreibplatz oder an einen Ort, an dem Sie ihn sehr oft sehen. Es braucht Einübung in diese neue Art des Denkens und Empfindens, kleine Rituale können dabei helfen.

Jetzt nehmen Sie Ihr Schreibheft erneut hervor und widmen sich dem Themenfeld der überholten Vorstellung, persönliche Entwicklung entstehe aus Not und nur mit Kampf sei Fortschritt zu erzielen. Ihr Impuls lautet:

»Was ich hinter mir lassen will!«

Erster Gedanke, bester Gedanke. Schreiben Sie, diesmal haben Sie **60 Minuten** lang Zeit. Halten Sie sich an diese Vorgabe. Ein erster, sehr wichtiger Text entsteht. Unterschätzen Sie nicht, wie viel Energie das Schreiben braucht, es ist mehr als Nachdenken, es ist bereits eine Art der Umsetzung. Und das erfordert Kraft. Nach solch einem Text muss man sich ausruhen. Gönnen Sie sich Ruhe nach dem Schreiben.

Lust
und
wie man mit Energien umgeht

Anfänge können zart sein oder stark sein, sie können unverhofft daherkommen und von langer Hand vorbereitet wirken, vor allem aber können sie eines sein: überwältigend. Und ja, darin steckt das Wort »Gewalt«. Anfänge haben eine große Kraft, sie sind gewaltig und deshalb auch bisweilen, und gar nicht so selten, überwältigend. Und jetzt, da ich dies schreibe, fällt mir der englische Begriff dafür ein: »overwhelming«.

Einen Teil meiner Kindheit habe ich in der Karibik zugebracht, auf der Insel Barbados, wo ich hauptsächlich bei den Schwarzen untergebracht war. Aus dieser Zeit habe ich diesen Begriff mitgenommen, denn dort war nahezu alles »overwhelming«: die Insel im Ganzen und natürlich das türkisblau glitzernde Meer und diese ewig wehende, sanfte Brise, für die die Insel berühmt ist, aber auch das Wogen der Zuckerrohrfelder im Wind und natürlich die vielen kleinen Kirchen, die Kreuze und Altäre mit dem Blumenschmuck und die Kerzen, aber auch das neue Kleid des Enkelkindes, der Geschmack des Kokoswassers und die Hibiskusblüte, die so prallrot fett vor der Wellblechhütte leuchtet. Einfach »overwhelming«, alles und jedes.

Manchmal sehnt es mich nach dieser hingegossenen Lebensfreudenfülle zurück. Manchmal trage ich sie in mir. Dann ist es fast zu viel. Alles leuchtet. Ich werde überschüttet mit Ideen und ich überschütte mich selbst, einfach »overwhelming«.

Anfänge sind ähnlich. Ihnen wohnt eine wilde, überschäumende Energie inne, mit der einem plötzlich tausend Dinge zugleich einfallen, die man am liebsten alle sofort umsetzen möchte.

Bei den Teilnehmern meiner Seminare erlebe ich das sehr oft. Eine Art Sturm bricht los, wenn die Erlaubnis zum Schreiben, zum Kreativwerden erst einmal erteilt ist, ein Sturm ungeahnten Ausmaßes. Ich erinnere mich an eine junge, etwas zurückhaltend wirkende Projektmanagerin, Mitte Dreißig, glücklich verheiratet, beruflich stark gefordert, den Wunsch nach Kindern erwägend, die in der Vorstellungsrunde mit einem gewissen Trotz sogleich ankündigte, das Schreiben sei von Kindheit an ihr größtes Glück, aber sie käme nicht mehr dazu und es käme auch nichts aus ihr heraus. Nun aber habe sie sich diese »Auszeit« gegönnt, zehn Tage Schreiben am Meer. Ich antwortete ihr mit meinem Zaubersatz: »Erster Gedanke, bester Gedanke. Schreib es auf, nimm das, was du gerade gesagt hast, und gib es dem Text. Dies ist dein erster Satz«, sagte ich zu ihr. Sie tat es und besagter Sturm brach los, vielleicht sollte ich eher sagen, der Korken schoss heraus und aus der Champagnerflasche sprudelte und schäumte all die zurückgehaltene Kreativität. Die junge Frau produzierte einen zauberhaften Text nach dem anderen und selbst nach streng literaturkritischen Gesichtspunkten waren sie überwältigend gut, umfassten alle denkbaren Themen, Glück, Liebe, Tod, Einsamkeit. Dabei stand nicht die junge Frau im Mittelpunkt der Texte, sie reflektierte dabei nicht andauernd über sich selbst, sie schrieb einfach, Gedichte, Geschichten, wir alle kamen aus dem Staunen nicht heraus. Aber nicht nur das, sie war auch sonst voller Energie, machte alle Ausflüge mit, sang und tanzte mit den anderen; mit weiten, leuchtenden Augen und strahlendem Lachen verzauberte sie die Menschen um sich her, überwältigend. Sie wirkte, als hätte sie Drogen genommen.

Und genau so wirkt sie auch, unsere Schöpferkraft, besonders, wenn wir sie lange unterdrückt haben. Es ist wie eine Explosion, die uns auf eine andere Ebene unseres Selbst befördert, wir sind »high«, entfacht, die Euphorie nimmt Besitz von uns. Ich könnte von unzähligen weiteren Erlebnissen berichten. Endlich, endlich bricht sich etwas Bahn, das sich schon immer zeigen wollte, das gelebt werden will und die Kraft, die dies hervorbringt, diese Dynamik, die den Anfängen innewohnt, heißt Eros. Es ist Eros in seiner schönsten, seiner großzügigsten Form, aufjauchzende freudige Lust, die vor lauter Glück nicht weiß, wohin mit sich.

Das »wilde Herz«[2] spricht, eine Formulierung, die Rilke geprägt hat, einer, der ebenfalls ein wildes Herz durchs Leben trug, ein immerzu und immer wieder neu Verliebter. Mit einem Taxi voller Rosenblüten ließ er eine seiner Geliebten am Bahnhof in München abholen. Er zelebrierte damit einen Rausch, den Rausch eines Menschen, der ins Anfangen verliebt war. In diesem Zustand werden alle möglichen Hormone zugleich ausgeschüttet, Glückshormone und Stresshormone, alles ist in einem einzigen Moment da, alles zugleich. Überwältigend. Wir werden durchströmt von diesem herrlichen Gefühl. Und dann?

Dann kommt die Furcht: Was, wenn das immer so weitergeht? Wer bin ich dann? Muss ich dann alles verändern? »Kann ich dann noch arbeiten gehen, ist meine Beziehung bedroht?« Genau das fragte mich die junge Frau nach ein paar Tagen, als die kreative Flut langsam abebbte, der Höhenflug sich in eine Art Benommenheit verwandelte. Und genau das ist der Moment, in dem man Gefahr läuft, die Champagnerflasche wieder zuzukorken, das übervolle Fass, dessen Inhalt sich endlich ergießen durfte, wieder zuzudeckeln. Der Sturm war so heftig, dass man sich fragt, wie man mit dieser Veränderung leben soll, wie man diese Energie im Alltag aushalten kann? Allerdings fragte die junge Frau mich auch: »Wie kann ich es festhalten, ich will nicht, dass es aufhört, es ist so schön, ich fühle mich so gut?«

Der Rausch des Anfangs wirkt tatsächlich wie eine Droge. Wir erhalten einen Vorgeschmack, eine erhöhte Dosis von dem, was wir suchen: unserer Schöpferkraft Raum zu geben, uns zu entfalten. Und damit wir auch richtig schön süchtig werden, ist dieser Vorgeschmack nicht nur überwältigend, er ist auch unwiderstehlich. Und das ist die zweite Bedeutung von »overwhelming« – unwiderstehlich. Weil im Anfang schon alles enthalten ist, das Neue mitsamt seinem Weg dorthin, deshalb ist er überwältigend und unwiderstehlich zugleich. Das Unwiderstehliche macht Lust, das Überwältigende macht Angst.

Voila, das ist der Pfad, auf dem Sie gehen werden. Und nicht nur das, Sie werden auch lernen, wie man auf ihm geht. Und sobald man weiß, was auf einen zukommen wird, kann man es auch beherrschen. Mit dem Hintergrundwissen, wie man dem, was sich Bahn brechen will, den richtigen Platz im Leben schafft, lässt sich der euphorische Ausbruch viel besser genießen. Und deshalb ist es hilfreich, die verschiedenen Formen von Anfängen unterscheiden zu lernen.

Die großen Anfänge, von denen ich hier spreche, kennzeichnet die Offenheit, man staunt, woher sie überhaupt kommen, ist dankbar, dass sie da sind, und man weiß noch nicht so recht, wohin die Reise geht. Dieses Buch erzählt von solch einem Anfang, dem Aufbruch zu sich selbst. Der größte Anfang, den Sie machen können. Oft kommt er als »Big Bang« daher, er schmeckt süß nach Lust und ein wenig bitter nach Furcht. Unterwegs gibt es dann immer wieder Anfänge, bei denen man im Moment der Entstehung noch nicht exakt weiß, wohin die Reise geht, aber doch schon eine ungefähre Vorstellung hat. Diese beiden Formen des Anfangs unterscheiden sich von »Projekten«, also Unternehmungen, bei denen die Marschrichtung schon weitestgehend feststeht, mit denen man beginnt, indem man und weil man das Ziel bereits kennt und sich setzt. Der Weg der Selbstentfaltung ist kein Projekt. Sie gehen ins Neue, und wie Sie das tun, entwickeln und erleben allein Sie selbst, jenseits vorgegebener Routen. Es ist ein sich selbst organisierender Prozess.

Auf diesem Weg gibt es dann auch viele schöne und aufregende Projekte, am schönsten daran aber ist die Art, wie Sie sich selbst entfalten.

Wenn Sie sich ins Leben schreiben, lernen Sie, mit Energien umzugehen, mit den Kräften, die in uns sind, und mit den Kräften, denen wir im und durch den Prozess begegnen. In der asiatischen Kampfkunst des Tai-Chi würde man sagen, Sie lernen den Tiger zu reiten: Sie lernen, Ihre eigenen Energien fließen zu lassen, und zwar genau so und genau dorthin, wie und wo Sie sie brauchen. Sie lernen es, indem Sie sich Ihrer Energien bewusst werden. Dasselbe geschieht im Prozess des »Sich ins Leben schreiben«: Indem Sie schreiben, setzen Sie Ihre Kreativität frei, und wie das geschieht, ist auch eine Typenfrage.

Manche von uns sind Euphoriker. Alle Kräfte schießen hoch, die Freude schäumt auf, sie können die Welt umarmen und legen los. Herrlich, wunderbar, kraftvoll.

Die Gefahr ist, dass sie die Energie nicht beherrschen und tatsächlich überwältigt werden.

Den gegenüberliegenden Pol bilden die Zaghaften unter uns. Sie richten sich ebenfalls auf, wollen den Weg der Veränderung gehen, fühlen ebenso die aufschäumende Freude in sich und setzen dann vorsichtig, vorsichtig zum ersten Schritt an. Auch so lernt man laufen. Ist die innere Handbremse dabei allerdings zu sehr angezogen, verbraucht man zu viel Kraft für das Zögern, und kommt dann auch noch der innere Kritiker und tadelt uns für eben dieses lange Zögern, dann verpufft alle Kraft.

Dies sind in etwa die Extreme, mit denen wir es zu tun haben, dazwischen gibt es alle möglichen Varianten und es tut gut zu wissen, wie und wo man auf dieser Skala verortet ist. Mit zunehmender Erfahrung auf dem Weg lässt sich mit diesem Wissen die eigene Energie immer besser einteilen.

Künstler wissen das, sie müssen sich, ob sie wollen oder nicht, dem Umgang mit der Energie stellen und ihre Erfahrungen damit sammeln. Der Funke der Inspiration lässt sie oft außer sich sein. Die Muse küsst und der Rausch ist da. Es ist eine starke Kraft, man muss sie aushalten, und nicht nur das, man muss sie hinhalten können. Den Rausch ausdehnen, um Zeit zu gewinnen. Um das, was entstehen will, auch entstehen zu lassen. Wer vorschnell Meißel und Hammer in die Hand nimmt, der erfährt nicht, was der Stein eigentlich zeigen, eigentlich hergeben wollte. Wer vorschnell die ersten Sätze schreibt, der scheitert ein paar Seiten später. (Bei einem Roman, so hat es mir einmal der von mir so geliebte und verehrte Schweizer Autor Urs Widmer gesagt, geschieht das immer auf Seite 30. Bedauerlich, dass er mir das nicht ein wenig eher erzählt hatte, zu diesem Zeitpunkt hatte ich schon zweimal die Seite 30 erreicht.) Auch viele Maler berichten, dass sie am Anfang erst einmal mit dem, was auf die Leinwand will, in Kontakt treten müssen. »Es ist, als käme ein Wesen auf dich zu«, erklärte mir neulich eine Freundin. Und so ist es. Die Anfänge in unserem Leben sind eine Begegnung. Und Begegnungen setzen Energien frei. Und zwar die Art der Energie, die charakteristisch für uns ist, die unsere Art des Lebendigseins charakterisiert, des In-der-Welt-Seins.

Wir alle haben eine eigene, einzigartige Qualität des Lebendigseins, man könnte auch sagen: des Leuchtens, und sie ist es, diese Qualität, die nach Ausdruck sucht. Sie will lustvoll in Erscheinung treten, und zwar durch uns.

Impuls

Sie wollen einen Moment innehalten? Tun Sie das. Nehmen Sie ein paar tiefe Atemzüge, denn Sie bekommen diesmal gleich zwei Aufgaben. Für die erste können Sie sich Notizen machen, müssen es aber nicht.

Fühlen Sie in sich hinein: Welcher Typ sind Sie? Gehören Sie zu den hoch aufschießenden Euphorikern? Erinnern Sie sich an Momente, in denen Sie etwas mit überschäumender Überzeugung angefangen haben? Ein Projekt vielleicht, eine Initiative, die Wohnungsrenovierung?

Wie fühlte sich das an? Haben Sie die Energien beherrscht oder machte die Energie mit Ihnen, was sie wollte? Waren Sie nach drei Tagen Tapetenabriss Ihrem Traum noch verbunden oder lagen Sie müde und verzweifelt in der Ecke, während der Putz herabrieselte?

Wie wir »gestrickt« sind, merken wir am ehesten, wenn wir uns verlieben. Denken Sie zurück. Sahen Sie beim ersten Blick bereits ihr gesamtes gemeinsames Leben vor sich? Wollten Sie nach fünf Minuten schon heiraten? Wie schnell wurde es ernst? War das gut so? Oder versiegte die Energie wieder und wann?

Versuchen Sie, nicht zu bewerten, sondern die Erinnerung nur anzuschauen. Welchen Geschmack hatte dieser Anfang? Wie fühlte sich die Freude an, die Lust?

Oder sind Sie ein zaghaftes Wesen, das nach innen lächelt, tastet und spürt: Da ist etwas, ich kann nicht länger sitzen bleiben, ich werde aufstehen. Da klopft etwas an. Ich werde die Tür öffnen, ich muss rausschauen und hinaustreten.

Waren die einfallenden Lichtstrahlen des Neubeginns wärmend, hell, golden? Wie lange hielten Sie sich darin auf? Verwandelte sich alles wieder, kamen die Schatten zurück? Welchen Geschmack hatte der Anfang, wie fühlte er sich an, wie gingen Sie mit diesem Gefühl um?

Versuchen Sie, nicht zu werten. Spüren Sie, so gut es geht, nur nach. Die Lust des Anfangs, wie fühlt sie sich an?

Können Sie sich vorstellen, gezielt mit Ihrer Energie, Ihrer Kraft umzugehen? Gibt es etwas, worauf Sie in Zukunft achten wollen?

Und hier die nächste Aufgabe: Lesen Sie das Kapitel noch einmal und richten Sie Ihren Fokus ganz auf die Thematik der Lust, auf Eros.

Schreiben Sie nun **30 Minuten**, das ist Ihr Thema:

»Lust auf Leben«

Schreiben Sie, was Ihnen spontan einfällt, aber überschreiten Sie nicht ihr Zeitlimit. Wenn Sie mehr schreiben wollen, machen Sie das später, jetzt machen Sie nach dem Schreiben eine Pause. Nehmen Sie ein paar tiefe Atemzüge. Und dann tun Sie sich etwas Gutes, und während Sie dies tun, lassen Sie das Geschriebene auf sich wirken.

Wie man sich rüstet
und
was man wissen muss

Es scheint mit dem Entfaltungsprozess ein wenig wie in der Oper zu sein: Nach der starken Ouvertüre – herrliche, verheißungsvolle Musik voller Versprechungen auf das kommende Geschehen – wird es erst noch einmal still. Spannungsgeladene Ruhe setzt ein. Zeit, sich noch einmal zu sammeln. Das Spiel hat zwar schon begonnen, doch der Vorhang ist noch geschlossen. Ein wunderbares, ein kluges Ritual. Auch im Kino schließt sich nach den aufregenden Trailern der Vorhang oft noch einmal. Manchmal gibt es dann immer noch Eis zu kaufen, Proviant, um die folgende Geschichte gut zu überstehen. Die Pause erhöht die Konzentration, und erst wenn man konzentriert und gestärkt ist, öffnet sich der Vorhang, das Spiel beginnt.

Beim »Sich ins Leben schreiben« gibt es eine ähnliche Karenzzeit. Sie dient der Sammlung und der Stärkung. Hat der Anfang die große Vision einer aufregenden Reise heraufbeschworen, die Lust auf das Neue geweckt, so geht es jetzt darum, den Proviant für diese Reise einzusammeln, die Eigenschaften, die es braucht, um den Weg zu sich selbst zu gehen. Wir tragen sie alle in uns. Jetzt aber sollen sie bewusst zum Einsatz kommen und dazu braucht es, wie im Theater, noch einmal eine Art Sammlung.

Oder anders gesagt, wir lernen unseren Koffer zu packen, und zwar so, dass er leicht ist und wir dennoch für jedes Wetter gerüstet sind. Und ein wenig spüren wir beim Packen auch schon, wie es sein wird, wenn wir den Koffer in die Hand nehmen und tatsächlich losgehen.

Mut, Vertrauen, Offenheit – die besseren Seiten der Angst

Während meines Schreibens an diesem Buch ist es März geworden. Die ersten Veilchen zeigen sich, in den Straßencafés stellen sie bereits Stühle und Tische raus. Es ist Zeit vergangen. Ich überlege, wieviel Zeit damals, nach meinem Traum, verging, bis etwas geschah, bis ich tatsächlich etwas veränderte. Es scheint mir, als würde es diese Wartezeit nach den Anfangsimpulsen immer geben, eine Art Sperrfrist für das unmittelbare Tun, es gilt, zumindest erst einmal Luft zu holen, sich auszurichten, zu sammeln, sich vorzubereiten für die Reise ins Neue. Zeiten der Ruhe auf dem Weg sind Zeiten der Verarbeitung und der Sammlung. Zeiten der Ruhe verbinden das, was bereits geschah, mit dem, was kommen will. Weder geht es jetzt darum, alles einfach auf sich zukommen zu lassen, noch darum, in wilde Hektik ausbrechen zu müssen. Luftholen nach der Anfangsouvertüre gilt der Sammlung und der Stärkung. Es ist eine Art innerer Ausrichtung, nicht auf ein Ziel, sondern auf den Prozess, und darin findet bereits die Verwandlung statt.

Wie ich damals, als meine Reise begann, diese Zeit wahrgenommen habe – ich erinnere mich nicht mehr. Sehr schnell kam ich allerdings zu der Überzeugung, dass ich meinen eigenen Raum brauchte, Beistand und Unterstützung; das zu akzeptieren, war ein erster großer Schritt auf meinem Weg nach vorn. Ich begann eine Therapie und hatte das Glück, auf den richtigen Therapeuten zu treffen. Plötzlich wusste ich dann auch sehr genau, was ich schreiben musste, und vor allem, warum ich es schreiben und sogar wie ich es schreiben musste, ich fand meine Form. Bis es allerdings zur ersten Veröffentlichung kam, lagen noch einige Steine im Weg, die es wegzuräumen galt. Das Schreiben war stets meine größte Herausforderung, das Schreiben und das Lieben.

Wieso dies alles genau so stattfand, verstand ich damals nicht, mit der Prozesshaftigkeit von kreativer Entfaltung beschäftigte ich mich erst später. Heute kann ich den Ablauf reflektieren, weil ich mich nicht nur damit befasst, sondern auch viele Menschen dabei beobachtet und begleitet habe.

Eines aber war von Anfang an klar: Um die nächsten Schritte zu gehen, brauchte es Mut. Ich brauchte Mut. Ich hatte ihn und ich nahm ihn mir.

Und Sie brauchen ihn auch. Sie brauchen Mut, wenn Sie Ihren Weg gehen wollen. Mut, nicht Tapferkeit. Tapferkeit, eine der vier Kardinaltugenden, hat einen Beigeschmack der Schicksalshaftigkeit und der Ergebenheit, es hat mit Leid und einem Aspekt des Dienens zu tun. Tapferkeit wird im Nachhinein bescheinigt, Mut geht voraus. Und Mut entspringt primär einer anderen Quelle, nicht dem Leid, das wir durchlaufen müssen, um anschließend wie Soldaten die Medaille der Tapferkeit zu erhalten. Stattdessen ist Mut der Bruder der Freiheit. Mut hat etwas mit Wahlfreiheit zu tun, wir können wählen, ob wir den Weg gehen wollen oder nicht. Tapferkeit bedeutet dagegen Ausweglosigkeit. Der Satz »Du musst jetzt tapfer sein« bedeutet: Es gibt keine andere Chance, was jetzt geschieht, geschieht unausweichlich, du musst es über dich ergehen lassen. Mutige Menschen können sehr tapfer sein, tapfere Menschen sind nicht unbedingt mutige Menschen.

Wenn ich eines nicht mehr sein wollte, als ich bewusst meine

Reise zu mir selbst antrat, dann war es, tapfer zu sein. Ich wollte den Mut umarmen, er war selbst gewählt, und je öfter ich ihn wählte, desto mehr wuchs er mir zu und desto besser lernte ich, diese Eigenschaft einzusetzen: mir ein Herz zu fassen, mutig zu sein, die Dinge so zu betrachten, wie sie sind, und dann meinem Traum, meiner Sehnsucht, meinem Herzen, da ich es nun schon mal in der Hand hatte, auch zu folgen.

Mut ist mehr als eine Eigenschaft, Mut ist eine Gabe, die den bewusst wahrgenommenen Erfordernissen des Jetzt entspringt, um in die Schönheit des Zukünftigen zu führen. So wie uns die Angst gegeben wurde, das Bestehende zu schützen, so wurde uns der Mut gegeben, das Zukünftige zu kreieren.

Statt aber eine Kultur des Mutes zu pflegen, die absolut nichts mit Leichtsinnigkeit, Waghalsigkeit oder Kampfeslust zu tun hat, pflegen wir eine Kultur der Angst. Aus unseren Angsterfahrungen ziehen wir unsere Lehren, entwickeln unsere Geschichten und oft sogar unsere Identität. Der Wunsch nach einer falsch verstandenen Sicherheit, die nicht im ständigen Wandel Heimat sucht, sondern im starren »Es ist, wie es ist, und so soll es auch bleiben«, bildet die Grundlage dafür. Doch je mehr man die Angst pflegt, das Leben nach ihr ausrichtet, sich absichert, um Gefahren zu vermeiden, desto unsicherer wird man.

Je mehr man den Mut umarmt, desto sicherer wird man.

Kinder bringen die Gabe des Mutes gänzlich unbefangen zum Einsatz, sie machen den ersten Schritt und strahlen uns an. Ein Kind denkt nicht: »Ich brauche Mut.« Es setzt ihn einfach ein. Mut wird eingesetzt und erprobt und dann wächst er und zwar mit Leichtigkeit. Loben wir das Kind in diesem Moment, initiieren wir eine Kultur des Mutes. Wie schön wäre es, würden wir mit uns selbst genauso umgehen!

Und eigentlich ist das leicht, wir müssen uns nur erinnern, wie es war, als wir mutig einen Schritt weitergingen, wie es sich anfühlte, als sich dieses Strahlen auf unser Gesicht legte. Wenn wir ihm nachspüren, dem Geschmack unseres Mutes, seiner Farbe, seinem Duft, dann wird er zu unserem Rüstzeug.

Lange Zeit hatte ich auf meinem Schreibtisch einen Zettel mit einem Zitat des Schriftstellers Christian Geissler liegen: »Mut ist die Gesinnung der Freiheit. Und das Ergebnis von Freiheit überwältigt den Mutigen, weil es ihn überrascht. Es ist nämlich Glück.«

Besser kann man es nicht sagen. Der Zettel hat sich nach all den vielen Umzügen irgendwann aufgelöst. Ich habe diesen Satz so oft gelesen, dass er mir in Fleisch und Blut übergegangen ist.

Selbstverständlich reicht Mut allein nicht aus.

Die Veränderungen in unserem Leben, jene, die wir selbst in die Hand zu nehmen haben, jene, die sich nicht allein auf die Überwindung eines momentanen Zustands der Not beziehen (»Ich brauche mehr Geld, wie mache ich das?«), sie treten uns als Sehnsucht, Wunsch und Vorstellung zunächst eher vage entgegen, schemenhaft. Aus einem unbestimmten Feld der Ahnung steigen sie auf: ein Traum, wie in meinem Fall, oder eine nicht genau zu definierende Sehnsucht, die ruft und langsam, langsam das Bild eines anderen, freieren Lebens formt. Wie schon in den vorigen Kapiteln erwähnt, ist Leid bzw. Leidensdruck dabei nur der Anlass. Die Ursache ist eine tiefer liegende, es ist der Wunsch nach Entfaltung, nach dem Verwirklichen unserer Gaben. Doch um Ursache und Anlass zu unterscheiden und um den zugrundeliegenden Wunsch überhaupt aufzuspüren, braucht man neben der Qualität des Mutes ebenso eine gehörige Portion **Vertrauen**.

Vertrauen und Mut sind enge Verwandte. Sprachlich birgt das Wort Vertrauen den Mut, z.B. in der Wendung »Trau dich«, also

»Mute es dir zu«. Vertrauen gilt es in zweierlei Hinsicht zu entwickeln. Zum einen vertrauen wir uns selbst und zum anderen trauen wir dem, was uns begegnet, was auf uns zukommt; wir vertrauen dem Weg mit all seinen Überraschungen, die er für uns bereithält. Es geht hier also nicht allein um das sogenannte Selbstvertrauen. Es geht um Vertrauen schlechthin, in sich selbst und ebenso in all das, was uns das Leben täglich anbietet. Insofern passt es, dass der Begriff »sich trauen« selbst doppeldeutig ist, sich trauen bedeutet ja auch »sich vereinen«, ein Paar zu werden. Und tatsächlich werden wir ein Paar. Wir und die Welt werden eines und wie bei guten Eheleuten bleiben wir dennoch auch jeder für sich vorhanden. Es ist das Spiel der bewussten Korrespondenz mit den Gesetzen des Lebens. Ein Tanz, mal umarmen wir die Welt ein wenig mehr und mal halten wir ein wenig Abstand. Und manchmal tanzen wir ganz wild und frei und schauen, was dabei herauskommt. Es ist die Grundregel des kreativen Prozesses: Wir kreieren das Neue nicht allein, sondern im Wechselspiel mit dem, das entstehen will.

Wenn man schreibt, erlebt man es unmittelbar, denn was auf dem Papier langsam Form annimmt, ist meistens nicht, was man zu Beginn im Kopf hatte. Etwas antwortet uns, wenn wir schreiben.

Oft heißt es, wir müssten nur auf die innere Stimme hören, dann würde sich alles andere schon ergeben. Doch dies ist nur die eine Seite. Ja, wir haben alle dieses kostbare Navigationsinstrument eingebaut bekommen und wir müssen lernen, damit zu navigieren. Aber es gibt eben auch das Meer, auf dem wir das tun. Vertrauen richtet sich nach innen und lotet die Tiefe unserer Wünsche nach Eindeutigkeit aus, nach außen hin achtet es auf die Strömungen des Lebens, um ihnen folgend das von innen her Ersehnte umsetzen zu können.

Und damit kommen wir zur dritten Eigenschaft, die wir aktivieren müssen, wenn wir uns auf den Weg der Selbstentfaltung machen wollen: **Offenheit**!

Vertrauen geht mit Offenheit einher. Nichts im Leben ist fest, alles ist in ständiger Bewegung. Dem können wir nur mit Offenheit begegnen, denn viel Leid entsteht, wenn man dieser Tatsache Widerstand entgegensetzt. Wenn man denkt, Vertrauen sei das Kind der Sicherheit. Das ist auch so, aber nur, wenn die Sicherheit in der Offenheit gründet, wenn sie beweglich ist.

Um diese Art Offenheit entstehen zu lassen und leben zu können, braucht man Vertrauen in sich selbst und ins Leben gleichermaßen und dafür wiederum braucht man Mut. Mut, Vertrauen und Offenheit greifen Hand in Hand, ergänzen und fördern sich gegenseitig. Ein wunderbarer Kreislauf, in dessen Mitte die Kreativität wächst und vor allem: die Freude. Freude ist etwas anderes als Glück. Freude ist die Voraussetzung für Glück. Freude ist eine Haltung, Glück ein Ereignis, Kreativität beider gelebter Ausdruck.

Kehren wir zurück zum praktischen Erleben. Als ich damals mutig beschloss, mein Leben noch einmal entschiedener und freier in die Hand zu nehmen, suchte ich mir wie erwähnt Beistand bei einem Therapeuten. Das war ein mutiger Schritt, ich hatte mir vorgenommen, alles offen anzusprechen. Das Thema Missbrauch war damals, Anfang der 1980er-Jahre, noch ein wirkliches Tabuthema. Mich trieb das Leid dorthin, keine meiner Beziehungen glückte, zum Schreiben drang ich nicht richtig durch, Geld hatte ich kaum, dafür fürchterliche Ängste und gleichzeitig ein wildes Verlangen danach, dass sich all dies ändern sollte. Ein Verlangen nach Glück, nach Kreativität, nach Ausdruck. Ich wollte nicht nur das Leid überwinden, »mit dem Trauma leben können«, wie es so vermeintlich hoffnungsfroh heißt. Ich wollte mehr: Ich wollte ein freier, selbstbestimmter, kreativer Mensch werden. Und ich wusste, dass es der erste Schritt sein musste, die Verletzungen der Kindheit zu heilen.

Da saß ich vor diesem Mann, mit dem ich die folgenden fünf Jahre intensiv arbeiten sollte, und die Tränen flossen unentwegt. Ich sagte direkt und unmittelbar, was in meiner Kindheit vorgefallen war und worum es also ging. Er sah mich an, ich kann mich genau an diesen langen, offenen Blickkontakt erinnern: »Es wird sehr schmerzhaft werden«, warnte er. »Wollen Sie das wirklich tun?« Ich sah in dieses Gesicht, ich sah nicht vorbei, ich war kein bisschen unsicher oder verlegen, und ich antwortete: »Ich habe Kraft.«

Ich hatte Vertrauen, Vertrauen in mich und dass ich diesen Weg gehen wollte, gehen würde, und zwar bis zum Ende, was ich in der Folge auch tat. Und ich war offen für das, was auf mich zukam.

Mein eigenes Erleben ist vielleicht ein besonderes, wenig leichtes Beispiel. Aber auch Ihnen werden schwierige Abschnitte in Ihrem Leben widerfahren sein, die es zu heilen gilt oder an denen Sie bereits gearbeitet haben, weshalb Sie nun weiter voranschreiten wollen, dorthin, wohin es Sie eigentlich zieht. Sie würden dieses Buch sonst nicht lesen.

Wenn wir beginnen, den Fokus unserer Aufmerksamkeit nicht länger auf das Leid zu richten, sondern auf den Mut, mit dem wir ihm gegenübertreten, dann können wir uns zunehmend in der Kraft verankern und im Vertrauen, dass das Neue tatsächlich möglich ist. Es wird gewissermaßen natürlicher, den Weg zu begehen. Aus den Riesenbrocken, die uns den Weg verstellten, werden kleinere Stolpersteine, die man bekanntlich mit dem Fuß wegkicken kann.

Und manchmal, gar nicht so selten, sind es eben dieser Mut

und dieses Vertrauen, die das schier Unmögliche möglich machen. Zum Veranschaulichen gebe ich Ihnen noch ein weiteres Beispiel:

Wieder ist es eine Geschichte meiner mütterlichen Freundin Krystyna Zywulska aus dem Warschauer Ghetto. Sie war dort mit ihrer gesamten Familie, was das heißt, brauche ich hier nicht weiter auszuführen. Es ist nachzulesen in ihren Büchern. Krystyna war eine waghalsige, mutige Frau, ihr Leben lang, eine ungewöhnliche Frau, eine lebensfrohe Frau, einst Polens bekannteste Satirikerin. In keiner Hinsicht entsprach diese Frau irgendeinem Klischee, das wir uns von Überlebenden machen.

Im Ghetto gab es einen Moment, in dem ihr bewusst wurde, was alles auf sie zukommen würde. Sie machte sich nichts vor, vertraute ihrem Wissen, ihrer Eingebung und dem, was sie sah, auch wenn es schrecklich war. Und deshalb wusste sie plötzlich, dass es nur eine Chance gab zu überleben, und diese war, zu fliehen. Und das tat sie. Sie trennte den gelben Stern vom Ärmel ihres Mantels und dem ihrer Mutter säuberlich ab, hakte ihre Mutter unter und spazierte auf den bewaffneten Grenzposten zu, so als sei sie eine der arischen Besucher, die im Ghetto versuchten, billig an Schmuck oder Pelze zu kommen. Der Posten legte das Gewehr an, zielte, sie griff in die Tasche und zeigte einen Ausweis vor, als sei es ein Passierschein, als sei es das Selbstverständlichste der Welt. Es war der Ausweis für die Ghettostraßenbahn, die zu dieser Zeit schon nicht mehr fuhr, ein Ausweis nur für Juden. Und mit diesem einen Ausweis in der Hand schritt sie einfach voran. Hinter ihr gab es ein Gerangel, es fielen Schüsse, sie dachte, jetzt würde sie sterben, aber die Schüsse hatten einer anderen gegolten. Einer, die im selben Moment schreiend und verzweifelt auf sich hatte aufmerksam machen wollen, auf ihre Not, ihren Hunger, ihr Elend. Krystyna selbst ging, die Mutter untergehakt, einfach weiter, ohne sich umzudrehen, und war frei. Tagelang habe sie danach noch gezittert, erzählte sie mir.

»Woher hattest du den Mut?«, fragte ich sie. »Ich weiß nicht«, antwortete sie. »Ich habe es einfach getan, ich hab mir vertraut.«

»Ich weiß nicht, ob ich das gekonnt hätte«, sagte ich.

»Kann sein, kann nicht sein«, meinte sie. »Wichtig ist doch nur, dass wir uns von unserem Mut erzählen, dem Mut, das Richtige zu tun und manchmal über uns hinauszuwachsen, nicht wahr?«

Von Krystyna, die ich und die mich jahrelang begleitete, habe ich unglaublich viel gelernt. Auch Schulkindern und Jugendlichen erzählte sie ihre Geschichte, immer wieder. Um Mut zu machen, das Richtige zu tun. Und die Mittel dafür sind uns eingeboren.

»Richte dich nicht nach dem Mittelmaß«, sagte sie einmal zu mir, »das erreichen wir alle sowieso.« Richte dich nach deinen Sehnsüchten und erzähle davon, ob und wie du sie erreicht hast. Und wenn du sie nicht erreicht hast, dann ist es auch nicht schlimm, Hauptsache, du hast es versucht.

Ich glaube, was sie damit sagen wollte, ist, dass unser Beispiel, mutig zu sein und den Weg der Entfaltung zu gehen, anderen die Erlaubnis gibt, ihn auch zu gehen. Und dass jeder Schritt, den wir auf diesem Weg tun, nicht nur uns verändert, sondern auch andere, eigentlich alles. Wenn wir den Weg der Freiheit gehen, gilt kein Schritt nur uns allein, jeder Schritt gilt allen.

Impuls

Und nun sind Sie wieder dran, holen Sie Ihre Schreibsachen hervor. Mut, Vertrauen, Offenheit sind die Themen, um die es in diesem Kapitel ging. Stellen Sie sich folgende Fragen:

› Worauf können Sie bei sich vertrauen?

› Auf welche Ihrer Eigenschaften ist Verlass?
› Welche Momente im Leben fallen Ihnen ein, in denen Sie mutig waren und genau wussten, was zu tun ist?
› Was möchten Sie stärken?
› Wann gerät Ihr Vertrauen ins Wanken?
› Was verunsichert Sie schnell?
› Geschieht dies zu Recht oder unterschätzen Sie sich dann nur?

Beantworten Sie diese Fragen nacheinander und dann schreiben Sie, ruhig und ungestört, und nehmen Sie sich dafür Zeit, so lange Sie brauchen:

»Worauf ich mich bei mir verlassen kann …«

Vielen Menschen fällt das Schreiben in der dritten Person leichter als das Ich-Sagen, probieren Sie es gerne aus. Wenn es für Sie einfacher ist, schreiben Sie »Worauf er/sie sich verlassen kann …«

Machen Sie eine Pause, vielleicht sogar einen ganzen Tag lang.

Lesen Sie dann den Text erneut durch und schreiben Sie weiter, beginnen Sie mit den Worten:

»Was mir jetzt noch einfällt …«

Heben Sie diesen Text gut auf! Mit ihm können Sie ab jetzt arbeiten.

Sollten die Selbstzweifel mal wieder allzu mächtig werden oder sollten Sie vor einer Entscheidung stehen, unsicher sein, welchen Weg Sie einschlagen wollen, können Sie sich mit diesem Text erden, sich in Ihrem Mut, Ihrem Vertrauen, in Ihrer Lust, offen zu sein, verankern.

Verbundenheit – niemand geht den Weg allein

Dürfen wir wirklich unseren Sehnsüchten folgen oder sind sie nicht vielmehr nur die Tröster der Nacht, warme, weiche Zukunftsträume, die uns in den Armen halten, damit wir den harten Alltag besser überstehen?

Es gibt doch so viel Elend auf der Welt, kann es dann darum gehen, sich noch ein Stückchen mehr zu entfalten, haben wir nicht längst genug?

Meiner Meinung nach sind dies berechtigte Fragen, es ist richtig, sie zu stellen, und sie stellen sich immer wieder. Es geht darum, das rechte Maß zu finden. Wer kreativ wird, nimmt sich Raum für seine Entfaltung und der Gedanke liegt nah, dass man anderen dadurch Raum nimmt. Menschen, die in sich das kostbare Verlangen nach Entfaltung spüren, sind in der Regel sehr verantwortungsvoll. Kreativität geht zumeist mit einer hohen Sensibilität für die Bedürfnisse anderer einher, das ist zumindest meine Erfahrung.

Das Bild, das wir gemeinhin vom Kreativen pflegen, vom Künstler, könnte davon gar nicht stärker abweichen. Der Kreative, das ist ein exzentrisches, exaltiertes Wesen, ein Genie, dem alles erlaubt ist, auch auf Kosten anderer. Wirklich große Dinge können nun mal nur mit einer gewissen Rücksichtslosigkeit entstehen, so vermittelt es dieses Bild, der Künstler – menschlich ein Wrack, aber im Werk genial. Der Geniekult, in Deutschland zu

Zeiten des Sturm und Drang entstanden, verlangte und verlangt vom Künstler, anders zu sein, sich explizit abzuheben vom normalen Volk. Nicht nur sein Werk soll dies beweisen, sondern auch seine Person, sein Leben. Ein Bild, das bis heute fortgeschrieben wird, es findet sich in den absurden Auswüchsen eines Starkultes wieder und ebenso in dem bisweilen doch recht verzweifelt wirkendem Ringen der Sternchen, allein durch Exaltiertheit in die Liga der Großen aufzusteigen.

Muss das so sein? Ist es unbedingt nötig, sich mittels radikalem Egoismus nach oben durchzuschieben, gehören zur Selbstentfaltung automatisch auch die starken Ellenbogen, um sich Freiraum zu schaffen?

Wir leben in einer Gesellschaft, in der das Ego hochgehalten wird, die Individualität, in der Einzigartigkeit oft mit Exzentrik gleichgesetzt wird. Es ist schwierig, von solchen Vorstellungen unberührt zu bleiben. Wer sich ins Leben schreiben will, sucht Veränderung. Wie diese aussehen wird, ist ungewiss, Freiheit birgt Risiko, sich zu entfalten ebenfalls. Wir werden uns verändern, wir verlassen etwas, das wir vermeintlich sehr gut kennen, nämlich uns, wie wir sind. Allein das ist schon furchteinflößend. Kommen die verzerrten Bilder vom Kreativen noch hinzu, dann kann es tatsächlich so aussehen, als sei es besser, dort zu bleiben, wo man ist, und niemanden zu verletzen. Allerdings: Wir verletzen uns selbst, wenn wir uns nicht entfalten. Was also tun?

Eine Frage, die sich auch in meinen Seminaren immer wieder stellt. Ist der Preis der Entfaltung die Andersartigkeit, die Absonderung? Gehört zum Schreiben nicht zwingend der Elfenbeinturm, diese spezielle Art der Isolation, mit der man für die schönen Worte zahlt, die sich dem Dichter oder der Dichterin als Aura des Unnahbaren wie ein Trauerflor um die Schultern legt, auf dass niemand mehr sie berühre? Hinter der Angst vor der Einzigartigkeit steckt tatsächlich die Angst vor der Einsamkeit. Lange Zeit habe ich gedacht, es würde ausreichen, sich gegenseitig Mut zuzusprechen, das Vertrauen, das ich im vorangegangenen Kapitel angesprochen habe, zu fördern. Dabei hatte schon mein eingangs erwähnter Traum mich auf etwas anderes hingewiesen: Ich hatte ja nicht nur von einem Weg geträumt, sondern auch von den anderen Menschen, die auf ihm gingen. Den Weg zu sich selbst geht man eben weder allein noch für sich allein. Sich dies bewusst zu machen, kommt einer Ermächtigung gleich. Einzigartig zu werden, das, was uns in unserer Art einzig macht, heißt nicht, sich von allen anderen abzusetzen. Es bedeutet vielmehr, dass man durch das eigene Beispiel, diesen Weg zu gehen, anderen Mut macht, dasselbe zu tun, dass man auch in anderen Selbstvertrauen weckt. In einer sich zunehmend vernetzenden Welt kommt dieser Tatsache immer mehr Bedeutung zu: Nichts, was wir tun, geschieht unabhängig von anderen oder bleibt ohne Auswirkung auf andere. Das Bild des einsamen Genies ist überholt und ebenso das des Einzelkämpfers. Entwicklung, die auf Kosten anderer geht, stößt immer schneller an ihre Grenzen und echte Freude kommt dabei sowieso nicht auf, die gibt es nur, wenn man teilen kann. Zugegeben, es wird noch ein wenig dauern, bis sich diese Sicht durchgesetzt hat, aber wer den Weg der Selbstentfaltung geht, trägt durch sein eigenes Beispiel dazu bei.

Mit all dem ist nicht gemeint, dass sich in Ihrem Leben nichts ändern wird, im Gegenteil. Wer sich entfaltet, der zeigt sich, wird sichtbar, löst sich aus alten Konventionen, und in der Regel bedeutet dies auch, dass sich im Umfeld, im Freundes- und Bekanntenkreis einiges ändert. Manche Verbindungen beginnen, sich zu lösen, das sind in der Regel die, deren Verbundenheit nur einen oberflächlichen Charakter hatte. Andere aber werden tiefer und neue Bekanntschaften kommen hinzu. Eben jene, die auch auf dem Weg sind. Wer selbst neu werden möchte, sich entwickeln will, der zieht das Neue magisch an. Der Austausch mit diesen Menschen, die unterwegs sind, so wie Sie, fördert das Vertrauen in den eigenen Entwicklungsprozess.

Beim Schreiben findet dieser Austausch auf geheimnisvolle Weise auch mit dem weißen Blatt Papier statt. Es ist das Eintauchen in eine andere Welt, in der man die tieferen Schichten seiner selbst entdeckt. Und tauchen wir wieder auf aus dieser Welt, sind wir bereits verwandelt, haben ein neues Gespür dafür bekommen, um was es uns eigentlich geht, für unsere Geschichte und für die Geschichten der anderen. Zu schreiben bedeutet, in den großen Erfahrungsschatz der Menschheit einzutauchen, den die Sprache für uns bewahrt. Dort sind wir niemals allein. Denn dort ist alle Erfahrung geborgen. Schreiben ist, wenn man genauer hinschaut, kein einsamer Akt, es ist innere Kommunikation, die sich anschließend auch im Äußeren auswirkt.

Jedes Mal, wenn Sie Ihre Schreibsachen hervornehmen, treten Sie ein in den großen Bund derer, die Fragen stellen und nach Antworten suchen. Die Sprache selbst antwortet uns, in ihr geborgen das Wissen der Menschheit. Es wird in der Sprache bewahrt.

Und sollten Sie immer noch Zweifel haben: Die Tatsache, dass Sie dies hier lesen, die Tatsache, dass wir uns Geschichten voneinander erzählen, ist ebenfalls Beweis dafür. Mit dem Mittel der Sprache lassen sich Dinge sagen und weitergeben, die noch nie gesehen und doch erzählbar, erfahrbar sind. Sprache ist eben mehr als ein Zeichensystem, das uns Hinweise gibt, wo wir das nächstbeste Mammut jagen können. Sprachforscher glauben heute, dass Sprache, wie wir sie kennen, in Zeiten der Ruhe und Muße entstand, wenn die Menschen am Feuer zusammensaßen, und durch den liebevollen, gurrenden Kontakt zwischen Mutter und Kind beim Stillen. Es war die Liebe, die aus der reinen Zeichensprache das machte, was menschliche Sprache kann: Welten entstehen lassen, Welten verändern, individuell Erlebtes dem anderen individuell erfahrbar machen.

Der andere kann diese Erfahrung reflektieren, erweitern, verwandeln, durch eigenes Erleben anreichern und so in neuer Form zurück- oder weitergeben. »Sich ins Leben schreiben« bedeutet genau dies: Eintreten in den permanenten kreativen Austausch, einzig, aber nie allein.

Impuls

Nehmen Sie sich Zeit dafür, das soeben Gelesene in sich nachwirken zu lassen. Suchen Sie dafür einen schönen Ort auf, vielleicht Ihren Schreibplatz oder ein Café, vielleicht wollen Sie sich auf eine Wiese setzen. Nehmen Sie Ihre Schreibsachen einfach mit.

Begonnen hat das vorangegangene Kapitel mit der Angst vor der Ausgrenzung als Preis für die eigene Entwicklung. Aufgefangen wird diese Angst durch die Verbundenheit mit anderen.

Ist es nicht wohltuend zu wissen, dass wir nicht allein auf dem Weg sind und ihn auch nicht allein für uns gehen? Und leuchtet das Vermögen einander Geschichten erzählen zu können, nicht so viel reiner auf, wenn wir es endlich wieder als Chance begreifen, als Entfaltungsweg, als das, was uns ausmacht? Vielleicht wollen Sie sich zunächst nur Notizen zum Thema machen. Dann aber nehmen Sie sich **30 Minuten** ungestörte Zeit zum Schreiben. Ihr Thema lautet:

»Ich bin nicht allein ...«

Schreiben Sie zügig, was Ihnen dazu einfällt. Halten Sie die 30 Minuten ein, machen Sie danach eine Pause. Wenn Sie mögen, können Sie das Thema später noch mal aufnehmen. Beginnen Sie dann mit den Worten:

»Was mir jetzt noch einfällt ...«

Heben Sie auch diesen Text gut auf. Und sollten Sie nun in dieser zarten, leicht wehmütigen Stimmung sein, die man als ein poetisches Lebensgefühl bezeichnen kann, dann sind Sie an einem guten Ort aufgehoben. Dort bewahrt die Sprache das auf, was man mit Sprache nicht sagen kann, es ist Heimat und Ziel in einem, Ursprung und Werden, Geheimnis und Offenbarung zugleich.

Wehmut –

der Geschmack des Abschieds

Seit vielen Jahren fahre ich, um Ferien zu machen, auf eine kroatische Insel in ein kleines Fischerdorf. Das Hotel, einst ein altes Hafenamt, kenne ich seit seiner Entstehung. Steht man morgens rechtzeitig auf, kann man den Fischer vom Meer zurückkommen sehen. Er legt mit seinem Kutter sozusagen vor der Rezeption an, holt die Kiste mit dem Fanggut raus, man kann wählen, welchen Fisch man am Abend essen will. Ich kenne die Leute aus dem Ort, den Dorfchef und seinen Sohn, der hat eine Kneipe an der kleinen Werft. Dort werden noch heute Holzschiffe gebaut. Ebenso kenne ich die Frau des Dorfchefs, das ist die, die immer sagt, der Mensch braucht zwei Sorten Essen, eines für den Magen und eines für die Seele. Nicht satt sehen kann ich mich am Meer und am Blick auf die Insel gegenüber, die keinen einzigen Strommasten zeigt und somit auch kein Licht und nachts deshalb in Schwärze versinkt, geahnt nur noch, was als Gegenüber existiert.

Dort habe ich auch schon das Treffen der Heimkehrer erlebt. Einmal im Jahr kommen sie, die meisten aus den USA, und die meisten haben es dort »gemacht«. »I made it!« Geld haben sie gemacht, sich etwas aufgebaut, Häuser und Geschäfte. Und losgefahren waren sie als »Polentafresser«, weil es dort in der Gegend, in der alle Nationen Europas schon einmal vorbeigekommen sind, um ein bisschen zu erobern und ein bisschen Krieg zu machen, weil es dort einfach nichts zu essen gab.

Wenn diese Menschen heute zusammenkommen, erzählen sie sich ihre Geschichten und singen die alten Lieder. Doch bei aller Melancholie, bei aller Heimatverbundenheit, blitzt in ihren Augen auch der Geist der Auswanderer auf, derer, die gehen. Und deshalb handeln die meisten Geschichten, die sie erzählen, auch davon: von der Auswanderung, von Schiffen und vom Meer. Von kleinen Häfen und dem großen Aufbruch ins neue Leben. Und ich liebe diese Geschichten!

In diesem Hotel hängt das Plakat einer Fotoausstellung über die Emigration aus dem Land, das heute Kroatien heißt. Das Foto darauf wurde offensichtlich in den 1960er-Jahren gemacht. Auf der Schwarz-Weiß-Aufnahme sieht man eine junge Frau von hinten am Kai stehen. Sie trägt ein Kopftuch und hält einen Koffer in der Hand. Dass sie jung ist, sieht man an ihrer Haltung, dass der Koffer leicht ist, erkennt man daran, wie sie ihn hält. Sie schaut aufs Meer. Das Schiff ist noch nicht zu sehen. Sie steht und wartet, dass es losgeht. Ich habe noch keinen gesehen, der bei diesem Anblick nicht kurz innehielt. Denn das auf dem Bild Gezeigte kennen wir alle.

Das ist der Aufbruch, ins Neue, ins Unbekannte. Es hat etwas so Schlichtes, Großes, Entschlossenes und zugleich Zartes, ich schau es mir jedes Mal lange an, es rührt mich immer wieder, und was mich daran rührt, ist die Größe menschlichen Vermögens. Denn da ist auch eine Spur von Traurigkeit, von Wehmut. Die Sehnsucht nach dem Neuen mischt sich mit dem Schmerz, das Alte verlassen zu müssen. So fühlt es sich an, wenn man aufbricht, wenn man entschlossen ist, sich zu verändern. Und, das müssen Sie wissen, man fühlt nicht nur Euphorie. Da ist auch ein leiser, ziehender Schmerz dabei.

Ja, Sie verlieren etwas, Sie verlassen etwas. Und das macht traurig. Ihren Koffer haben Sie in der Hand, Sie nehmen mit, was Sie brauchen, was Sie stärkt, aber Sie lassen auch etwas zurück, nämlich das bisher Vertraute. Und auch wenn das Vertraute kein bisschen gut für Sie war, Sie kannten sich damit aus. Es fällt schwer, Vertrautes zu verlassen, denn es gibt eine Art Sicherheit.

Dem Aufbruch wohnt also immer auch der Abschied inne. Das eine ist ohne das andere nicht zu haben.

Es geht nicht um Verleugnung des Alten, Sie werden es auf der Reise sogar mehr und anders schätzen lernen, weil Sie Facetten daran entdecken werden, die Sie bisher nicht gesehen haben. Sie brechen nicht ab, Sie brechen auf, das ist ein gewaltiger Unterschied. Sie laufen auch nicht weg (wie früher vielleicht), Sie laufen vielmehr zu etwas hin, nämlich zu sich. Doch wenn es losgeht, dann werden Sie sie spüren, diese Melancholie, diese Wehmut. Sie reihen sich ein in die Geschichte der vielen vor Ihnen und mit Ihnen. Sie begegnen und Sie verkörpern einen Archetypus.

Ein Archetypus ist etwas, das uns allen gemein ist. Etwas, das wir als Muster alle in uns tragen. Eine verdichtete, zur Gestalt gewordene Form des Erlebens, der Erfahrung, des Seins. Etwas, das stellvertretend für eine bestimmte Art in der Welt zu sein steht, in eben diese »Arche« als »Typ« mitgenommen wurde. Es ist eine von allen Menschen durch Erfahrung geteilte Verkörperung erzählten Erlebens. Und deshalb braucht man nicht ausgewandert zu sein, um vor dem Bild der Frau mit dem Koffer in der Hand stehen zu bleiben und zu denken: »Das kenne ich!« Und deshalb ist die Erfahrung des Aufbruchs eine geteilte Erfahrung und deshalb kommen die Auswanderer auch so gern wieder zusammen, nicht nur, um die alte Heimat wiederzusehen, sondern auch, um ihre Erfahrung der Reise wieder und wieder zu teilen. Und deshalb sind auch Sie nicht allein, wenn Sie aufbrechen. Sie können diese Erfahrung in Ihrem Herzen abrufen, so viele vor Ihnen haben es schon gewagt, so viele nach Ihnen werden es noch wagen. Auf der Reise zum Selbst werden wir begleitet vom Erfahrungsschatz der Menschheit. Das bietet Schutz, Beistand und Möglichkeiten.

Impuls

Und so beginnt die Reise, mit einer Mischung aus sehnsuchtsvoller Erwartung, Aufbruchsstimmung, Furcht und Freude in einem. Und mit Wehmut, denn es gibt auch diesen leicht ziehenden Abschiedsschmerz. Die Fahrt ins Ungewisse beginnt.

Gehen Sie an Ihren Schreibplatz, der Sie schützt und inspiriert, nehmen Sie Ihr Schreibmaterial hervor, suchen Sie in sich nach Ihrem Bild des Aufbruchs, nach Ihrem Bild für die große Reise. Vielleicht ist es nicht das Meer und der Hafen, vielleicht schnüren Sie eher die Wanderschuhe und wollen über Wiesen, Felder oder Berge gehen. Vielleicht können Sie gerade gar nicht gehen, vielleicht rollen Sie, wie eine meiner Freundinnen, die sich in ihrem Rollstuhl spielerisch durchs Leben fährt. Den Weg ins Neue zu gehen ist uns Menschen tief eingeprägt, wir sind, biologisch gesehen, so zum Menschen geworden: gehend. Sie können dieses Bild in Ihrem Herzen abrufen. Es ist verbunden mit Hoffnung, Furcht, Wissen um Möglichkeiten, Lust und Willen, diese zu verwirklichen. Wir sind nicht allein damit!

Und jetzt schreiben Sie:

»Aufbrechen – den Weg gehen«

Erster Gedanke, bester Gedanke. Geben Sie sich **60 Minuten** Zeit und schreiben Sie, was Ihnen in den Sinn kommt. Ihre Reise hat bereits begonnen, wie fühlt sich der Aufbruch an?

Begleiten Sie sich selbst dabei, geben Sie schreibend der eigenen Entwicklung wertschätzend Raum.

Zeit und Raum für sich allein

Bevor wir nun sehen, was auf der Reise alles mit uns geschehen kann, kommen hier noch einige praktische Hinweise, ohne deren Umsetzung es einfach nicht geht.

Es ist etwas sehr Schönes, wozu ich Sie auffordere, aber es verlangt Disziplin. Disziplin wiederum ist ein Wort, das für die meisten von uns eher negativ besetzt ist. Was allerdings daran liegt, dass wir sie in der Regel an der falschen Stelle einsetzen müssen, nämlich bei uns auferlegten, nicht selbst gewählten Tätigkeiten. Disziplin wird uns abverlangt bei Handlungen, die wir nicht mögen. Die Liste der Beispiele ist lang, die Begründungen, warum wir diszipliniert sein müssen, sind einleuchtend, das Gefühl des Fremdbestimmtseins bleibt, auch wenn die Argumente noch so gut sind.

Disziplin aber ist etwas, das stets einem selbst dienen sollte, sagte mein erster buddhistischer Lehrer einmal, mit Disziplin übt man neues Verhalten ein. Und darum geht es jetzt. Sie müssen etwas Neues lernen. Und das erfordert sowohl Zeit als auch Raum.

Sie müssen sich Zeit geben, regelmäßige Zeit! Und Raum, verbindlichen Raum, nur für sich allein. »A room of one's own«, wie es bei Virginia Woolf so schön heißt, »ein Zimmer für sich allein.«

Die Macht der Gewohnheiten ist unendlich groß, und wer den Weg der Selbstentfaltung gehen will, muss neue Gewohnheiten etablieren, das ist die einzige Art, wie wir dem alten zu Leibe rücken können. Denn genau dort sitzen die Gewohnheiten, in unserem Leib, sie setzen sich in unserem Körper fest. Um sie dort wieder rauszuholen, müssen wir ein wenig trainieren. Und jedes Training erfordert Regelmäßigkeit.

Dieses Buch hilft Ihnen dabei, Sie können darin lesen und die Impulse aufnehmen. Doch wie schnell passiert es, dass wir abgelenkt werden, der Alltag wieder allzu fordernd nach uns verlangt, und dann vergehen im Handumdrehen nicht nur Tage, sondern Wochen, bis es wieder weitergeht. Dagegen helfen nur verbindliche Vereinbarungen mit sich selbst.

Geben Sie sich einmal pro Woche einen etwas ausgedehnteren Zeitraum zum Nachdenken, zum Schreiben, Zeit für sich allein. Wählen Sie diesen Zeitraum klug, sodass Sie eine reale Chance haben, ihn nicht nur einmal, sondern immer einhalten zu können. Sprechen Sie sich mit Ihren Lieben ab, erklären Sie, was Sie tun, Sie werden zum leuchtenden Vorbild dadurch.

Ich erinnere mich an einen äußerst eingespannten Lektor, der selbst gerne schreiben wollte, was er ob seines Berufes schon gewagt genug fand, er war ja von Literatur umzingelt, aber hinzu kam auch noch das Zeitargument. Ideen hatte er zuhauf, aber Zeit? Nie und nimmer. Er fand sie aber doch und verabredete mit Frau und Büro, dass er freitags zwischen 15 und 18 Uhr ungestört dem nachgehen wolle, was ihm wirklich guttat, und weil es ihm danach auch wirklich gut ging, wirkte sich das alles sogar glücklich auf seine Partnerschaft aus. Nach einem Jahr hatte er nicht nur sein erstes Kinderbuch geschrieben, er stand auch nicht mehr kurz vor dem Burnout, er hatte gelernt, seine Batterien wieder aufzufüllen. Ich bin sicher, dass ihn das auch zu einem noch besseren Lektor machte.

Vielleicht wollen Sie einmal die Woche allein mit Ihren

Schreibsachen in ein Café gehen; ich habe Kollegen, die suchen die Bibliothek auf, die Stille der Lernenden, Schreibenden, Recherchierenden ist ansteckend. Suchen Sie sich den für Sie richtigen Platz und etablieren Sie die wöchentliche Zeit dort fest in Ihrem Leben, tragen Sie sie in Ihren Kalender ein. Zeit und Raum für Sie selbst, verbindlich.

Ebenso gehört es dazu, ein tägliches Ritual zu etablieren, es kann kurz sein, aber es muss sein. Und auch dafür brauchen Sie Platz, einen Raum, an den Sie sich zurückziehen können, der sicher ist, ungestört, schützend, schön und inspirierend.

Die amerikanische Talkmasterin Oprah Winfrey hat einmal von sich erzählt, es sei ihre Art zu meditieren, dass sie ihren Wecker eine Viertelstunde früher stelle, um am Morgen bei einer stillen Tasse Tee die Gedanken der Nacht und des aufkommenden Tages in ein Heft zu notieren. Diese Frau, die sich vom missbrauchten Mädchen zu einer der einflussreichsten Frauen Amerikas hin entfaltet hat und die ihr ungeheures Arbeitspensum sicher liebt, findet ihre Quelle nicht im Äußerlichen, sondern sucht sie täglich in sich selbst auf.

Damals, als alles anfing und ich dachte, dass, wenn man schon Schriftstellerin werden wolle, dies nur in Paris werden könne, hatte auch ich jeden Tag ein Ritual. Ich ging von meinem winzigen Hotelzimmer (Dusche und Toilette auf dem Flur) im Quartier Montmartre die Stufen hoch zu Sacré-Cœur und setzte mich in der Kirche in die letzte Reihe. Ich tat nichts weiter, als stillzusitzen und nicht *mich* wahrzunehmen, sondern den Abstand zwischen mir und dem Altar, den Raum um mich herum. Ich weiß nicht mehr, wie lang ich jedes Mal dort saß, vielleicht zwanzig, dreißig Minuten täglich. Heute weiß ich, dass ich meditiert habe. Damals fing ich tatsächlich an zu schreiben und wirklich wagemutig zu leben. Ich lernte, dass sich Zeit zu geben und sich einen

Ort zu schaffen, an den man sich zurückziehen kann, bedeutet, dem Neuen Raum zu geben. Wir müssen es einladen und ihm den Platz frei machen, nur so kann es in unser Leben eintreten.

Heute ist dieser Ort für mich mein Schreibtisch. Er ist mein »templum«, mein heiliges Feld, so die lateinische Wortbedeutung von »Tempel«. Und liegen zu viele Telefonrechnungen, Briefe, Prospekte und Ähnliches auf meinem Templum, dann wische ich ihn frei, wie einst der junge Jesus den Tempel in Jerusalem. Denn er soll rein bleiben für das, was mir das Wichtigste ist: er ist das Feld, auf dem meine Entfaltung stattfindet.

Wo können Sie sich solch einen Raum schaffen? Ein kleines Tischchen reicht aus, aber eben nicht die zugestellte Ecke des Küchentischs, an dem danach die Kinder essen, und auch nicht der mit unerledigten Arbeiten vollbepackte Schreibtisch.

Dies ist Ihr Platz, von dem aus Sie in die Welt treten. Etablieren Sie dort eine tägliche feste Verabredung mit sich selbst, mit Ihren Schreibsachen, in denen Sie Ihre Gedanken, Pläne, Empfindungen, Träume, Wünsche, Erkenntnisse festhalten. Es braucht nicht mehr als eine Viertelstunde. Ich nenne das die »heilige Schreibzeit«. Und wehe, jemand stört sie!

Aufbrechen,
die ersten Stationen

Schreiben ist magisch, noch bevor wir etwas tun, haben wir es bereits getan. Schreibend werden wir uns unserer selbst bewusst und allein dadurch sind wir bereits verändert. Und alles, was man sich bewusst macht, kann einen nicht mehr unbewusst beherrschen. Dieser Prozess kommt einer inneren Neuausrichtung gleich, die bereits in Ihnen stattfindet. Sie ist bereits die Wandlung, die sich nun auch im Außen zeigen will.

Schreibend machen wir uns nicht nur etwas bewusst, wir stellen uns auch etwas vor. Und auch hier gilt: Allein dadurch, dass wir uns etwas vorstellen, bringen wir die Dinge in Bewegung. Wir räumen ihnen schon mal einen Platz in der Zukunft ein, wir stellen sie vor uns hin, und zwar dorthin, wo wir sie anschließend treffen wollen. Vorstellungskraft ist die größte Kraft, die es gibt. Nichts anderes kommt ihr gleich, sie entwickelt eine unwiderstehliche Dynamik: Das, was wir uns vorstellen, will Gestalt annehmen.

Und darum geht es auf den nächsten Seiten.

Sie werden die Macht und die Magie des Wortes kennen und einsetzen lernen.

Sie werden den Blick nicht länger nur nach innen richten, sondern auch nach außen, in den Himmel, in die Sterne. Sie werden erfahren, was Sternenkarten von Landkarten unterscheidet und was Ihr eigentliches inneres Navi ist. Außerdem gibt es noch eine Lektion im Fliegen.

Aufbrechen ins Neue erfordert keine Kraft, es hat Kraft. Und die gilt es nun zu nutzen. Also, auf geht's!

Das Wort, das alles verändert

»Wenn es Magie gibt, dann liegt sie in der Kraft des Wortes.« Diesen Satz äußerte Isabel Allende in einem Interview.[3] Die bekannte lateinamerikanische Autorin wird dem sogenannten magischen Realismus zugeordnet, einer Literatur, in der die Grenze zwischen Realität und Magie einer breiten Lichtspur gleicht, beide Seiten erhellend und verwischend, einer Literatur, in der Vergangenheit und Zukunft fröhlich ineinandertanzen, in der Tag und Traum einander heiraten und in der dem Wort, dem einzelnen Wort, die Kraft eines Zauberspruchs zukommen kann. Um solch ein Wort geht es jetzt, denn nun wird es ernst. Auf der Grenze zwischen Innen und Außen, zwischen sich verwandelnder Selbsterkenntnis und gelebter Umsetzung steht dieses Wort. Es ist wirklich nur eines, denn wenn es ernst wird, werden die Worte knapp. Jenes Wort ist mit einer Art innerer Erregung verbunden, einem Gemisch aus Lust und Furcht, es ist mit Vorfreude verbunden, mit der Angst, überheblich zu sein, die Lage nicht richtig einzuschätzen, und es ist mit Gewissheit verbunden, die letztlich alle Zweifel besiegt. Und dann tun wir es: Wir sagen Ja.

Ich rede nicht vom Traualtar, auch wenn Ja sagen sich dort genau so anfühlen sollte. Und man sollte es nur dann tun, wenn der Wunsch sich so anbahnt, dass man einfach nicht anders kann: Man muss Ja sagen.

Wenn Sie das große Ja zu sich selbst sagen, heiraten Sie sich sozusagen selbst. Etwas in Ihnen weiß, dass es etwas in Ihnen die Treue schwört und diese Treue halten will. Es ist die Treue zu Ihrem Innersten, zu dem, was Sie auf der Reise freilegen wollen, so lange freilegen wollen, bis Ihr Innerstes Ihr Äußeres wird und sich die Frage nach innen und außen gar nicht mehr stellt, sondern Sie nur noch sind, was Sie sind. In diesem Moment werden Sie frei sein.

Dieser Bund mit uns selbst schließt alles ein: Wir sagen Ja zu der Person, die wir jetzt sind, und zu dem, wie unsere Lebensumstände jetzt sind. Wir sagen Ja.

Wir sagen Ja zu der Person, die wir waren, und dazu, wie unsere Lebensumstände waren. Wir sagen Ja.

Wir sagen Ja zu der Person, die wir werden wollen, und zu den Lebensumständen, die wir erzeugen wollen. Wir sagen Ja.

Wir sagen Ja zu Gegenwart, Vergangenheit und Zukunft in einem. Wir sagen Ja zu all unseren hellen und dunklen Seiten, und wir sagen Ja dazu, dass wir nicht nur Gewordene sind, sondern ebenso Werdende, wir sind die Summe unseres bisherigen Lebens und zugleich die Summe unserer Möglichkeiten.

Dieses Ja ist unausweichlich und doch muss es ausgesprochen werden. Ohne dieses Ja bleiben Sie auf der Reise sehr lange stecken und lagern dann eben, so wie ich es tat, eine ganze Weile am Rand des Weges. Irgendwann kommt es, es geht nicht anders.

Dieses Ja kommt einer Art Kapitulation gleich, wir strecken zum ersten Mal bewusst die Waffen vor der Größe des Lebens. Waffen allerdings, die lediglich Instrumente der Verblendung waren. Und das sind all unsere Vorstellungen, wie die Welt für uns gefälligst sein soll, obwohl sie nicht so ist; es sind unsere Abneigungen, unsere Urteile und Vorurteile, unser verbissenes Wollen. Es ist unser Widerwillen die Wirklichkeit anzuerkennen als das, was sie ist. Es sind die Waffen, mit der wir eine Welt bekämpfen, die wir nicht sehen wollen. So etwas kann niemals gut gehen. In dem Moment, in dem wir unseren Widerwillen aufgeben, treten wir in die Wirklichkeit ein. Und das tun wir mit dem großen Ja.

Was diese schönen Sätze konkret bedeuten? Sie bedeuten, dass Sie, egal, wie Ihre Lage gerade ist, diese Lage als das akzeptieren, was ist. Und damit keine Missverständnisse aufkommen: Ja sagen zu dem, was ist, heißt nicht zu sagen: »So ist es nun mal – da kann man nichts machen.« Es heißt: »So ist es. Mal sehen, was man da machen kann!«

Sie sind zum wiederholten Mal auf diesen bestimmten Typ Mann reingefallen, der Ihnen nach kurzer Zeit das Leben zur Hölle macht, Sie erniedrigt, aufbaut und dann wieder erniedrigt, und Sie sitzen wieder einmal in diesem Kreislauf fest?

Sie werden die Wut auf Ihre Mutter nicht los und können nicht damit aufhören, ständig und immer noch mit ihr zu kämpfen?

Sie haben nichts als Geldsorgen, Ihre Kinder nehmen Drogen, Sie sind völlig überarbeitet und Sie wissen, dass Sie es anders könnten, aber Sie kriegen es nicht hin?

Das Trauma Ihrer Kindheit kriecht noch immer jede Nacht in Ihr Bett, obwohl es Ihnen doch gut geht, Sie alles haben und die Kindheit seit Jahrzehnten vorbei ist?

Sie wissen genau, dass Sie diesem Leben hier mehr zu bieten haben, dass Sie andere Qualitäten haben als die, mit denen Sie zurzeit Ihr Geld verdienen, Sie kommen aber nicht ran an diese Qualitäten?

Zu all dem müssen Sie Ja sagen, sonst können Sie nichts verändern, sonst können Sie mit der Situation nicht arbeiten. Wenn Sie nicht Ja sagen, sehen Sie nicht, was genau Sie ändern müssen, wo sich in Ihrer Lage die Kraft zeigt. Sie sehen ohne Ja die Wirklichkeit nicht, Sie sehen nur das, woran Sie leiden.

Ja sagen ist Ihr Aufbruch, es verwandelt Sie von einem Moment auf den anderen, Sie sind dann nicht mehr Opfer Ihrer Geschichte, Sie sind ihr Zeuge. Sie unterliegen Ihren Umständen nicht, Sie bezeugen sie. Sie sagen: »So ist es! Und das heißt nicht, dass es so bleiben muss!«

Und noch viel mehr bedeutet das Jasagen unseren hellen Seiten gegenüber: das Ja zu dem, was an Chancen, Möglichkeiten und Fähigkeiten in uns steckt, zu all dem, was in uns leuchtet und sich endlich zeigen will. Unsere hellen Seiten, unser unglaubliches Potenzial, das wir alle haben, macht den meisten Menschen mehr Angst als ihre kleinen dunklen Verstecke, vor denen sie ihre Identität behaupten.

Sie können in Gesellschaft leuchten und strahlen, dass es eine Wonne ist?

Sagen Sie Ja!

Sie können sich an den kleinsten Dingen im Leben erfreuen und damit andere anstecken?

Sagen Sie Ja!

Sie können verdammt gut malen und Sie wissen das eigentlich auch?

Sagen Sie Ja!

Sie können ohne Kinder glücklich werden und auch ohne Partner, Sie können einen ganz eigenen glücklichen Weg gehen, Sie wissen das sogar?

Sagen Sie Ja!

Sie haben diese Gabe, Dinge sehr schnell zu erfassen und handelnd umzusetzen?

Sagen Sie Ja!

Als ich mich bewusst auf den Weg machte, bedeutete das Jasagen für mich, mir meine Schwäche einzugestehen, meine Verletztheit, die Tatsache, dass ich Hilfe suchen musste, und im selben Maß gestand ich mir meine Wünsche ein, endlich! Ich wollte Autorin werden und ich wollte frei von den Ängsten und der Verzweiflung werden, die mein Leben so sehr belasteten. Ich sagte Ja zum Missbrauch, er hatte stattgefunden, ich habe ihn überlebt, und ich wollte frei werden davon. Ich sagte Ja dazu, ihn nicht mehr verbergen zu wollen, sondern einen Weg zu suchen, wie ich mit meiner Erfahrung leben kann, ohne mich zu verstecken, ohne es zu überspielen, zu verdrängen. Ich sagte Ja zu der Angst, die dies alles in mir auslöste, und ich sagte Ja dazu, diese Angst, so gut es ging, hinter mir zu lassen. Ich sagte Ja dazu, kein Opfer mehr zu sein.

Wie wichtig das Leben im Jetzt ist und die Akzeptanz des Jetzt, wird in vielen Büchern betont, das ist gut und kann doch zu fatalen Missverständnissen führen, zu einem geradezu phlegmatischen Lebensgefühl, das mit Erleuchtung verwechselt wird und der Ausrede vor jeglicher Inititative dient. Nur wenn wir begreifen, dass Akzeptanz der Wirklichkeit auch Akzeptanz des ewigen Wandels meint, das im Jetzt nicht nur das Vergangene eingeschlossen ist, sondern auch das Zukünftige, nur dann wird das Ja zum Aufbruch.

Ihre Wünsche sind Teil Ihrer Wirklichkeit! Ich habe lange gebraucht, dies zu verstehen, und ich habe es nicht in spirituellen Schulungen gelernt, sondern in Auseinandersetzung mit Dichtern und Künstlern. Künstler – jedenfalls die, die mich interessieren – arbeiten mit dem, was ist, und mit dem, was entstehen will, gleichzeitig, und sie sagen unumwunden Ja dazu. Ohne Auftrag, ohne Zielvorgabe, ohne Geld, ohne marktorientierte Vorabrecherche und sogar ohne irgendeine Rechtfertigung, sie sagen

Ja zu dem, was durch sie in die Welt will. Wie sonst sollte es in die Welt kommen? Und damit sie es umsetzen können, sagen sie Ja zu den Möglichkeiten, die sie jetzt haben.

Und genauso schreiben wir uns ins Leben, gehen den Weg der Selbstentfaltung.

Was es jeweils ist, das in Ihnen schlummert, das sich zeigen will, das diese Welt hier ein wenig verwandeln will, Sie werden es entwickeln, so Sie der Sehnsucht nach Entfaltung vertrauen. Einer der wichtigsten Schritte dorthin ist die Akzeptanz: Akzeptieren, was ist, und akzeptieren, wohin man möchte, was die Herzenswünsche einem antragen.

Als wir Kinder waren, hat man oft zu uns gesagt, das Zauberwort sei »bitte«.

Aber das Zauberwort lautet »Ja!«

Die Magie des Ja-Wortes birgt die Kraft all Ihrer Vorstellungen. Magisch vereint das Ja Vergangenheit und Zukunft und bringt ins Jetzt, was durch Sie entstehen will und soll.

Impuls

Gehen Sie an Ihren Schreibplatz. Diesmal legen Sie eine Liste an. Schreiben Sie die folgenden Sätze untereinander und lassen Sie genügend Platz, damit Sie ihn danach stichwortartig auffüllen können. Schreiben Sie, ohne lange nachzudenken, lassen Sie den Zensor im Kopf so lange sein Mittagsschläfchen machen. Schreiben Sie, der Titel ist:

»Ja zu mir sagen!«

Ja zu meinen Lebensumständen sagen:

...

Ja zu meiner Vergangenheit sagen:

…

Ja sagen zu dem Ich, das ich in der Vergangenheit war:

…

Ja zu meinen Wünschen und Sehnsüchten sagen:

…

Ja zu meinen dunklen Seiten sagen:

…

Ja zu meinen hellen Seiten sagen:

…

Ja sagen zu dem Ich, das ich werden möchte:

…

Ergänzen Sie diese Liste, wann immer Ihnen ein neues Ja einfällt.

Seien Sie konkret. Denken Sie daran, gute Geschichten leben von Details, also auch Ihre Geschichte. Sie haben hier keine Vorgabe und können sich so viel Zeit nehmen, wie Sie wollen.

Wenn Sie die Liste ausgefüllt haben, malen Sie sich ein **Ja-Bild**:

In der Mitte steht ein dickes leuchtendes »Ja« in Ihrer Lieblingsfarbe. Darum herum schreiben, malen, kleben Sie all die Dinge, zu denen Sie Ja sagen.

Irgendwann werden Sie entdecken, dass all das, tatsächlich alles, Ihr Reichtum ist. Heben Sie dieses Bild gut auf, wenn Sie mögen gerne auch an einem Platz, an dem Sie es öfter betrachten können.

Und wenn Sie Lust haben, dann gehen Sie sich einen Ring kaufen. Und dazu auch noch ein Trau-Geschenk. Sie haben sich getraut, Ja zu sagen und sich mit sich, Ihrem tiefen leuchtenden inneren Ich, mit Ihrem Selbst vermählt. Sie haben sich die Treue geschworen. Das muss man würdigen, das muss man feiern.

Eine kleine Lektion im Fliegen

Haben Sie schon einmal Jungvögeln beim Fliegenlernen zugesehen? Genau, sie fliegen einfach, sie tun es. Wissen Sie noch, wie Sie schwimmen gelernt haben? Indem Sie es taten, nicht wahr? Und ins Leben schreiben Sie sich ebenfalls, indem Sie es tun. Und gerade haben Sie es getan: Sie haben Ja gesagt! Ist das nicht herrlich?

Erinnern Sie sich an das Anfangskapitel dieses Buches? Den Impuls fühlen und um den Vorgang wissen, das ist bewusstes Anfangen und das ist bereits das erste Ja gewesen. Ein Ja zur Entfaltung im Einklang mit universellen Gesetzen und Bewegungen.

Das Ja, das Sie jetzt gesagt haben, ist ein noch entschiedeneres, ein viel aktiveres, denn Sie haben sich dazu entschieden, Sie, niemand sonst. Sie sind auf dem Weg, der Koffer ist gepackt, der Abschiedsschmerz umarmt, die Tür geöffnet. Und besser kennengelernt haben Sie sich dabei auch schon. Dabei lautete die Aufgabe nur, unumwunden Ja zu sich sagen. Doch das ist die einzige Art, wie man sich wirklich kennenlernen kann, ohne Absicht, ohne Wertung.

Sagen Liebende zueinander Ja, dann sind sie bereit, ihren Weg gemeinsam zu gehen, und in dem Moment, in dem Sie es sagen, sehen Sie diesen Weg in seiner schönsten Form vor sich, alle Möglichkeiten, auch die Widrigkeiten, die nicht geleugnet werden.

Sie versprechen, in guten und in schlechten Zeiten aneinander festzuhalten, und zwar nicht an dem, was jetzt ist, sondern an dem, was sie miteinander kreieren wollen.

Ihr Ja bedeutet dasselbe: Was Sie jetzt sind, der Stand Ihres Bewusstseins, Ihres Lebens, Ihrer Geschichte, sagt Ja zu dem, was sich entwickeln will, und bleibt ihm treu, in guten wie in schlechten Zeiten.

Und das ist wunderbar, es ist der Türöffner. Es ist der Moment, in dem wir das Zepter in die Hand nehmen und beschließen, selbst zu regieren.

Sie lesen nicht länger nur ein Buch, jetzt heißt es, sich in die Lüfte zu schwingen, zu fliegen, Überblick zu gewinnen, schon mal zu schauen, wie die Landschaft von oben aussieht.

Freiheit heißt, sich zu erheben, es ist ein würdevoller, freudvoller Akt und er geht mit einem körperlichen Gefühl einher. Sie können es weder verpassen noch falsch interpretieren. Sie spüren eine Art neuer Kraft, etwas wie Stolz, ich nenne es lieber Würde.

Breiten Sie die Arme aus, öffnen Sie Ihre Schwingen. Lassen Sie sich vom Himmel tragen. Kennen Sie den mythischen Vogel Garuda? Mit jedem Flügelschlag vergrößert er das Weltall, das er auf seiner immerwährenden Reise durchstreift. Auch wir erweitern unsere Welt jedes Mal, wenn wir uns bewusst und würdevoll erheben, und nicht nur die Welt um uns, auch die in uns weitet sich.

Im Tai-Chi gibt es eine Übung, die den Namen »Der Adler öffnet die Schwingen« trägt. Mit dieser Übung leite ich sehr oft meine Seminare ein. Und ich mache damit sehr gute Erfahrungen:

Man steht dabei im schulterbreiten Stand, die Knie sind leicht gebeugt, der Schwerpunkt liegt im unteren Bauchraum, die Arme hält man leicht gewölbt an der Seite, der Rücken ist gerade, Nacken und Kopf sind locker und entspannt, die Augen sind geöffnet, die Achtsamkeit richtet sich zu zwei Drittel nach innen. (Für Außenstehende wirkt es oftmals so, als habe man diesen leicht abwesenden, verklärt wirkenden Buddhablick.) Wie gut allein diese Haltung tut, einmal wirklich zu stehen, fest auf der Erde zu stehen, jetzt und genau so. Man wartet, bis man den Impuls zulassen kann, die Arme seitlich anzuheben, sie wie Schwingen nicht weiter als Schulterhöhe zu öffnen und dann wieder zu senken.

Ich liebe diese Übung, bin dankbar, dass ich sie gelernt habe. Ich verzeihe meinem ersten Tai-Chi-Lehrer dafür auch, dass er uns so lang hat stehen lassen, bevor wir die Arme endlich heben durften. Adler sein! Sich erheben, Adler sein, kein Spatz, keine Möwe und auch kein Goldkehlchen, nein, Adler, das Mächtigste unter den Tieren der Luft. Probieren Sie es aus!

Vielleicht fragen Sie sich, was das mit Schreiben und Entfalten zu tun hat? Meine Erfahrung ist die, dass der ganze Mensch schreibt, Entwicklung ist ein ganzheitlicher Vorgang und deshalb auch ein körperlicher. Viel zu selten bedenken wir, dass es gar keine konkreten Güter oder Ziele sind, die wir anstreben, sondern Gefühle und Zustände, Seinsweisen ist ein besseres Wort. Wir wollen die Freiheit spüren, die Übersicht erleben, das Getragensein erfahren. Wie schon einmal erwähnt, ist Selbstentfaltung eben kein Projekt, das wir auf dem Reißbrett konzipieren, es ist ein Erlebnis. Den Körper bewusst miteinzubeziehen, zeigt erstaunliche Wirkung. Ich beginne keinen Tag mehr ohne diese Tai-Chi-Übung und viele Menschen, denen ich diese Übung empfahl – gerade auch Künstler und Autoren – haben mir bestätigt, dass sie Ihnen guttut und wie viel anschließend entsteht. Versuchen Sie es, verankern Sie das, was Sie erleben wollen, auch in Ihrem Körper. Werden Sie Adler, fliegen Sie, heben Sie ab.

Sollten Ihnen derartige Übungen aber so gar nicht liegen, dann nutzen Sie Ihre Vorstellungskraft. Stellen Sie sich vor, dass Sie mit

Ihrem großen Ja am Meer stehen, die Weite genießen, die Sonne, den Wind, Ihr Körper ist so frisch, so bereit, so wach!

Und jetzt ist es Zeit, sich den eigenen Wünschen hinzugeben mit genau diesem Gefühl, mit einem wohlig-wachen Ja-Körper. Und sollten Sie doch ein paar kleine Zweifel fühlen, kritisches Gemecker, lassen Sie es meckern. Wir hören später hin. Jetzt geht es um die Ausrichtung. Wohin geht die Reise?

Impuls

Besorgen Sie sich einen großen Bogen Papier, Buntstifte, Kreiden, Kugelschreiber, was immer Sie zum Malen brauchen. Machen Sie sich Platz auf Ihrem Tisch, richtig viel Platz, stellen Sie sich etwas zu Trinken und zu Essen hin und dann legen Sie los. In Ihrem Körper ist das Adlergefühl und mit diesem arbeiten Sie. Und denken Sie dran, Zweifel müssen jetzt pausieren.

In der Mitte des Blattes malen Sie einen dicken fetten Punkt in einer Farbe, die Sie mögen. Der Punkt symbolisiert das, wonach Sie streben, das, was Sie jetzt entfalten wollen. Oft haben wir kein Wort dafür, deshalb der Punkt.

Über diese magische Mitte hinweg schreiben Sie:

»ICH SELBST WERDEN«

Das **Ich** verkörpert dabei all das, was Sie schon erreicht und verwirklicht haben,

das **Selbst** ist die größere, umfassendere Dimension, nach der wir uns sehnen, und

das **Werden** ist das, was immer ist und immer sein wird: der ewige Wandel.

Und jetzt malen und schreiben Sie um diesen Punkt herum alles, was Ihnen zu Ihrem sich entfaltendem Leben einfällt. Alles, was Sie sich wünschen, was in Ihr Leben kommen soll. Sie können malen, Sie können schreiben, Sie dürfen spielen mit diesem Bild, es soll nicht der Entwurf einer Doktorarbeit werden. Vertrauen Sie Ihren Ideen und schreiben Sie sie auf das Papier: Da kann »mehr Blumen« neben »noch mal studieren« stehen, »mehr Zeit für mich haben« neben »gesünder essen«, »eine Liebe finden, die stärkt« neben »neue Wohnung«. Es ist Ihr Blatt und es ist Ihre erste Übersicht über das Neuland, über Ihr Neuland!

Lassen Sie sich Zeit dafür, sehen Sie es als Vergnügen an, bleiben Sie Adler dabei, und wenn Sie fertig sind, dann ziehen Sie um alles eine Linie, einen Rand, so gut es geht – die Dinge sollen schließlich nicht ausfransen, sondern bei Ihnen, bei Ihrer Mitte bleiben.

Es ist durchaus möglich, dass Sie jetzt Ihren Leitstern gemalt haben.

Heben Sie dieses Blatt gut auf, und zwar an einer Stelle, an der Sie es möglichst oft betrachten können. Vor fremden Blicken sollten Sie es allerdings schützen, selbst vor denen der Ihnen Nahestehenden, das ist wie mit einer Schwangerschaft, vor dem dritten Monat sollte man noch nichts verraten. Auch das bedeutet Verantwortung für unsere Träume und Visionen zu übernehmen.

Und jetzt machen Sie Pause. Bewegen Sie Ihre Arme noch einmal wie ein Adler, machen Sie einen Spaziergang.

Wenn Sie etwas Abstand gewonnen haben, vielleicht am nächsten Tag, nehmen Sie Ihren Bogen noch einmal hervor, lassen den Blick darüber wandern, nehmen Ihr Schreibheft heraus, gönnen sich **60 Minuten** Zeit und dann schreiben Sie:

»Wo ich hinmöchte …«

Sie können diesen Text auch in der dritten Person schreiben: »Wo er/sie hinmöchte …« Und wenn Sie damit fertig sind, dann belohnen Sie sich, vielleicht sogar mit einer kleinen Feier mit Freunden, ein Gläschen Champagner, aber bitte verraten Sie nicht, warum. Sollte man Sie fragen, dann antworten Sie: »Einfach so, das Leben feiern.«

Wenn die wüssten …

Von Landkarten und Sternenkarten

Ich weiß nicht, wie es Ihnen geht, ich muss jeden Abend, bevor ich schlafen gehe, noch einmal in den Himmel schauen, und wenn ich weiß, dass ich am nächsten Morgen auf Reisen gehe oder ein wichtiger Termin bevorsteht, erst recht. Am schönsten ist es im Sommer, dann dehne ich die kleine Zeremonie ein wenig aus. Ich gehe auf die Terrasse, setze mich in den Liegestuhl und kann das alles da oben unendlich lang betrachten, sogar die Müdigkeit verfliegt wieder, manchmal schlafe ich auch unter dem Sternenzelt ein. Es stört mich auch nicht, wenn der Himmel bedeckt ist, ich muss nach oben schauen und ihm die Arme entgegenstrecken; bin ich unterwegs, findet sich auch ein Weg, selbst in den Straßenschluchten einer Großstadt in einem kleinen, engen Hotel muss ich zumindest das Fenster noch mal öffnen. Diese unendliche Weite, diese unglaubliche Dimension, in der wir existieren, die Tatsache, dass wir in der Schwärze der Nacht das Licht längst gestorbener Sterne empfangen können, dass dort oben, an dem, das wir Firmament nennen, Kugeln in unvorstellbarer Größe kreisen, leuchten und auf ihre Art und Weise lebendig sind, in Formen, die wir uns nicht vorstellen können, die jenseits unseres Erfahrungshorizontes liegen, diese Tatsache ist für mich der Inbegriff von Offenheit. Und das beruhigt mich auch immer wieder, findet sich doch darin auch die größtmögliche Geborgenheit. Ich weiß dann, woher ich komme und wohin ich gehe, ich kann mich bewusst mit dem, das immer da ist und das doch auch immer anders ist, verbinden.

Den Blick gen Himmel richten, und insbesondere in den Nachthimmel, hat dieselbe Qualität wie die, in das Augenpaar eines geliebten Menschen zu blicken. Man sieht alles darin, wirklich alles, man sieht das All. Und indem man es sieht, sieht man sich. Denn sowohl der Himmel als auch der Geliebte spiegeln uns. Sich in der größten denkbaren Dimension aufgehoben zu wissen, was könnte schöner sein. Das Beste aber ist: In dieser Weite gibt es auch Orientierung.

Der Blick in den Himmel ist das älteste Ortungs- und Navigationssystem der Menschheit. Der Stand der Sonne am Tag, der Stand des Mondes, der Fixsterne und der Planeten in der Nacht, sie zeigen an, wo man gerade ist, und sie weisen den Weg – indem sie sich ebenfalls bewegen. Folglich haben die Menschen diese großen Bewegungen studiert. Sie haben die Muster entdeckt, nach denen man sich richten kann, der Himmel ist im Sommer anders als im Winter. Und wen wundert es, dass man darüber ins Erzählen kam, in das Erzählen von Geschichten.

Mythologie, dieses Wort kommt aus dem Griechischen und es bedeutet nichts anderes als Geschichten, »mythoi«, erzählen, »legein«. Man erzählte Geschichten von den Mustern, die man beobachtet hatte, und so entstanden mit der Zeit jene Erzählungen von Gestalten, die man allerorts verstand, weil sie grundlegende Daseinsweisen des Lebens und damit auch der Menschen verkörperten. Es sind dies eben jene Gestalten, die man Archetypen nennt.

Es gibt aber nicht nur typische Zustände, sondern auch typische Abläufe. Als sich der amerikanische Mythologe Joseph Campbell im vorigen Jahrhundert daran begab, Mythen, Sagen und Märchen der verschiedensten Völker zu studieren und miteinander zu vergleichen, entdeckte er, dass sich Entwicklungsgeschichten überall auf der Welt gleichen und ihnen allen ein bestimmtes Muster zugrunde liegt. Er nannte diesen typischen Ablauf »Heldenreise« – ein Begriff, der Ihnen schon im Prolog dieses Buches begegnet ist. Campbell war nicht allein mit seiner Entdeckung; inspiriert wurde er vom Psychoanalytiker C.G. Jung, aber auch von anderen Forschern, vor allem aber von den Dichtern, allen voran James Joyce und Thomas Mann – weil die Erzähler nun mal etwas wissen über die Abläufe von Geschichten. Campbells Entdeckungen über den »Helden in seinen tausend Gestalten«[4] machte Furore. Viele Künstler erkannten genau in dieser Abfolge, in dieser Art den Weg zu gehen, ihren eigenen Weg und plötzlich merkte man, dass man mit diesem Muster Geschichten regelrecht bauen, Filme damit machen kann. Es gibt niemanden in Hollywood, der die Heldenreise nicht kennt.

Und genau dieses Muster wohnt – bedingt – auch unseren eigenen Entwicklungsgeschichten inne, sind wir doch alle Heldinnen und Helden, kleine Helden des Alltags, große Helden des Lebens: Wir leiden Not oder Mangel, wir hören den Ruf, etwas verändern zu sollen, wir raffen uns auf, wir brechen auf, werden geprüft, erhalten Beistand, wir müssen zeigen, dass es uns ernst ist, müssen kämpfen und siegen und dann lernen, wieder aufzuhören mit dem Kampf und das Neue in die Welt zu bringen, die Verwandlung, die Erkenntnis, was immer es ist.

Es ist eine geradezu zwingend logische Abfolge, Kenner der Materie werden sie sogar in diesem Buch zum Teil ausmachen können. Und natürlich erzähle ich Ihnen all das, weil Sie jetzt an einem wichtigen Abschnitt Ihrer Heldenreise angekommen sind: Sie sind auf dem Weg und suchen nach Orientierung. Und wer, wenn man schon ins Unbekannte geht, hätte nicht gern eine Landkarte in der Hand, eine Landkarte der Erfahrungen? Wie sehr wünschen wir uns immer wieder, die Schritte zum Glück, die Stufen in die Freiheit, die Etappen zum Selbst mögen vorgegeben sein, damit wir schnell und sicher vorankommen.

Man kann tatsächlich viel von dieser Grundstruktur lernen und alles, was ich darüber gelernt habe, gebe ich Ihnen in diesem Buch wieder. Ich habe aber auch gelernt, dass Landkarten etwas anderes sind als Sternenkarten, dass Geschichten heute anders erzählt und neu geschrieben werden. Und dass der Weg der Selbstentfaltung tatsächlich ein Weg ins Neue ist, vorbereitete Pfade gibt es dort nicht, denn Neuland ist Neuland. Wir selbst lassen den Weg dort entstehen mit jedem Schritt, den wir gehen.

So wie Mythen kein aktuelles Geschehen beschreiben und ein Archetyp kein lebendiges Wesen ist, so ist auch das Muster der Heldenreise nur ein Muster und nicht der Prozess der Selbstentfaltung. Der ist ein wirkliches Abenteuer. Es setzt gewissermaßen dort ein, wo die Hollywoodfilme ausblenden und »The End« schreiben. Unsere Aufgabe liegt nicht mehr beim Verlassen des Alten und dem Kampf, sondern beim Kreieren des Neuen und den Erfahrungen und Verwandlungen, den dieser Prozess bedeutet.

Muster des Erlebens und Erfahrungen des Entwicklungswegs haben sich aus der Vergangenheit heraus gebildet, sie sind unsere Landkarten. Unsere Wünsche und unsere Sehnsüchte hingegen sind das, was ins Offene führt, sie sind unsere Sternenkarten.

Wenn Sie sich ins Leben schreiben, navigieren Sie gewissermaßen mit beiden.

Christa Wolf hat einmal gesagt, Erzählen sei wahrheitsgetreu erfinden auf Grund eigener Erfahrung.[5] Und das bedeutet, angewandt auf die Stationen des »Sich ins Leben schreiben«, dass uns das Muster der Heldenreise helfen kann, gewissermaßen haben wir es im Rücken und können in diesen Erfahrungen lesen und sie nutzen. Aber um den Weg ins Freie zu gehen, müssen wir uns dann jenseits der alten Muster und Weisheiten bewegen und uns wahrheitsgetreu, also unserer eigenen Wahrheit treu bleibend, neu erfinden. Deshalb sollten wir nicht nur auf den Boden schauen, nach den ausgetretenen Pfaden, sondern immer wieder in die Weite des Himmels, die in das Neuland weist.

Es kommt noch etwas Wesentliches hinzu. Die Geschichten, die Joseph Campbell untersuchte, entstanden in einer Zeit, in der es wichtig war, die eigene Identität, das Ich, überhaupt erst auszubilden. Das ist der Inhalt der von ihm untersuchten Geschichten. Auch heute müssen wir unser Ich erst finden, bevor wir den Wind der Freiheit durch es hindurchpusten lassen. Erst muss Stabilität da sein, dann kommt die Transzendenz ins Spiel, die eine neue Art der Stabilität herstellt.

Dies alles zu wissen, bringt nicht nur neue Erfahrungen mit sich, sondern auch einen veränderten Grund für den Aufbruch. Campbell selbst hat die Spur dafür gelegt. Als er gefragt wurde, wieso man denn überhaupt den Weg gehen soll und was denn sein persönlicher Leitstern auf seiner Reise gewesen sei, da antwortete er knapp und schlicht: »Die Freude!« Er sei immer der Freude gefolgt. Das, was ihm am meisten Freude gemacht habe, davon habe er sich leiten lassen, das habe zu seiner Entfaltung beigetragen.

Wie findet man die Bestimmung seines Lebens? »Folgen Sie Ihrer Freude.« Das war sein Rat.

In meinen Seminaren habe ich eine weitere, für mich wesentliche Entdeckung gemacht, das heißt, ich habe sie nicht gemacht, wir haben sie gemeinsam erlebt. Wenn Menschen sich vorlesen, was sie entwickeln wollen, wie sie leben wollen, was ihnen wirklich wichtig ist, kommen dabei nicht nur wunderschöne, berührende Texte zutage, es entsteht auch ein wirkliches Gemeinschaftsgefühl. Sich nicht allein zu wissen auf dem Weg ist eine Sache, sich in der Vision zu vereinen setzt eine ungleich größere Kraft frei. Immer wieder erlebe ich, wie sich die Teilnehmer gegenseitig Mut zusprechen, Ideen gemeinsam entwickeln, sich in ihrer Freude und Entschlusskraft anstecken und sich bei der Umsetzung der Wünsche gegenseitig inspirieren und helfen. Man muss aber nicht in Seminare gehen, um dies zu erleben. Sobald Sie Ihre Herzenswünsche, Ihre Visionen mit Menschen Ihres Vertrauens teilen, werden Sie es ebenfalls spüren. Der Blick auf die Landkarten hält den Kopf gesenkt und lässt jeden seinen Weg einzeln finden, getrennt vom anderen. Wir argumentieren mit unseren jeweiligen Erfahrungen und glauben, nur aus ihnen lernen zu können. Der Blick in den Sternenhimmel lässt uns den Kopf heben: Die Sehnsucht nach einem tiefen, reichen Leben vereint. Beides ist wichtig, die größere Kraft aber ist die der Vorstellung, sie ist stärker als die Erfahrung, als das erfahrene Leid allemal. In der Schwärze der Nacht die ewige Leuchtkraft des Werdens als Wegweiser zu sehen – hier liegt die Orientierung, immer und überall, auch dort, wo es noch keine vorgegebenen Wege gibt.

Impuls

Sie bekommen eine Nachtaufgabe. Ja, es sollte Nacht sein! Bereiten Sie sich vor. Es ist wichtig, dass Sie ungestört sind und bleiben, dass Sie Zeit haben und sich diese Zeit auch am nächsten Morgen gönnen können.

Gehen Sie zu später Stunde nach draußen, machen Sie ganz bewusst einen Spaziergang unter dem Sternenhimmel. Es muss nicht in der Natur sein, Sie können auch über die Boulevards einer Großstadt laufen, das ist Geschmackssache, wichtig ist, dass Sie den Himmel sehen können und dass Sie allein mit sich sind. Nehmen Sie das Gewölbe über sich wahr und das Leben um sich herum. Spüren Sie in Ihre Füße hinein, spüren Sie, was es heißt, begangene Wege zu gehen. Wie selten machen wir uns bewusst, wie viele Menschen schon vor uns über unseren Weg gegangen sind, und wie viele noch nach uns kommen werden. Schauen Sie in den Himmel, denken Sie an die vielen Menschen, die ihren Kopf schon gen Himmel gehoben haben, um nach Orientierung zu suchen, um Antworten auf ihre großen Fragen zu finden, um in die Zukunft zu sehen. Wie viel Sehnsucht, wie viel Wunsch, wie viel Wollen wohnt dieser Geste inne!

Gehen Sie danach nach Hause und richten Sie sich an Ihrem Schreibplatz ein, zünden Sie Kerzen an, bei deren Schein all die vielen Menschen vor uns geschrieben haben, fühlen Sie in sich hinein und schreiben Sie alles auf, was Ihnen in den Sinn kommt, selbst wenn es durcheinander erscheint oder vermeintlich abwegig.

Auch wenn Sie müde werden, versuchen Sie bitte die Stimmung des Abends in sich festzuhalten, machen Sie eine Pause und schreiben Sie **60 Minuten** lang noch einen Text:

»Meinem Stern folgen …«

Legen Sie Ihre Schreibutensilien zur Seite, lassen Sie die Stimmung ausklingen, ohne Ablenkung, Musik, Fernsehen, Buch oder Zeitschrift, ohne Gespräche. Es gibt ein paar Momente im Leben, die heilig sind. Sich dort oben am Himmel Orientierung zu verschaffen ist ein solcher Moment, halten Sie ihn heilig und ebenso das, was Sie schreiben. Es ist kostbar.

Für den Fall, dass Sie in dieser Nacht träumen, legen Sie neben Ihrem Bett Papier und Stift parat, um den Traum unmittelbar nach dem Erwachen aufschreiben zu können. In heiligen Nächten kommen die Antworten auf unsere Fragen oft und gern im Schlaf.

Widerstand, Beistand
und
lustvolles Lebendigsein

Jetzt sind Sie mittendrin im Prozess des »Sich ins Leben schreiben«.

Sie schreiben mit dem Leben Ihr Leben. Und das ist verdammt lebendig!

Sie kriegen Gegenwind und Sie kriegen Rückendeckung, Sie werden einen ziemlich gefährlichen Typen kennenlernen, durch ein Tor gehen, auf der bunten Wiese sitzen und Sie werden erfahren, was es mit den Entscheidungen im Leben auf sich hat.

Sie lernen, mit Ihren inneren Bildern zu arbeiten und immer genauer den Prozess der Entfaltung wahrzunehmen, in dem Sie sich zunehmend deutlicher der Welt präsentieren. Jetzt beginnen die Veränderungen, sich zu zeigen und auszuwirken, jetzt werden die Wünsche konkreter, das Leben und das Schreiben werden fordernder: Ihr Lebensroman entsteht, Sie schreiben an ihm, und er schreibt an Ihnen! Er ist spannend, jede Seite, die man aufschlägt, hat etwas Neues zu bieten. Jeder Tag, an dem man aufwacht, ist bereits Neuland.

»Action!«, heißt es im Film, und wenn der Film, den wir im Kopf haben, real wird, dann beginnt der Tanz. Die Bedingungen des Lebens tanzen nämlich mit, nicht nur wir führen, auch das Leben führt und nicht jeden Tanzpartner kann man sich aussuchen. Lassen Sie sich von dem Herrn, der Sie gleich auffordern wird, nicht allzu sehr erschrecken, er meint es nicht so.

Wenn die wilden Kerle kommen

Sie haben es wahrscheinlich längst geahnt, so einfach ist die Sache nicht: Träume aufmalen und dann hoffen, dass sich alles richtet.

Zumindest kommt es zu Verzögerungen, vielleicht so wie bei mir beim Schreiben dieses Buches. Alles hat sich verschoben, ich habe mein selbst auferlegtes Schreibprogramm nicht eingehalten, ständig kam irgendetwas dazwischen. Und doch sitze ich jetzt hier, sehe eine Fülle von Schönheit und Wachstum, das Mandala der Wünsche hat sich auf meinen Garten gelegt, bunt, üppig, überbordend und über allem satter Fliederduft und diese maispezifische Sehnsucht nach Liebestaumel, nach Verzauberung, nach Tanz.

Sich seine Wünsche einzugestehen, erzeugt einen ähnlichen Taumel. Wie die mit Pollen überladenen dicken Hummeln torkelt man herum und landet schließlich wieder am Boden. Wer fliegt, muss eben auch landen, und wenn man nicht so geübt ist im Fliegen, landet man anfangs unsanft.

Und was kommt dann?

Eine für den Weg tatsächlich sehr typische Station. Sie zeigt sich in der Regel auf zweierlei Arten. Eine von beiden wird eintreten, früher oder später, aber wahrscheinlich früher, und bei Ihnen womöglich gerade jetzt. Sie werden anfangen zu lamentieren. Das wäre der kleinere Schrecken, obwohl … Wenn sich Ihr Lamento erst mal etabliert, dann kann auch diese Variante recht bedrohlich für Ihre Reise werden. Jenes Gejammer, jene Nörgelei über all das, was uns nicht passt, was nicht so ist, wie wir es gerne hätten, was keinen Spaß macht, was uns nicht berücksichtigt, nicht fördert, gerade jetzt, da wir uns doch entfalten wollen … Die Anlässe sind klein, unser Lamento ist groß, aber die Auswirkungen unseres Gejammers, darüber, dass die Welt gerade nicht so ist, wie wir sie gern hätten, sie sind noch viel größer: Wir können uns damit unseren Weg komplett verstellen.

Die andere Möglichkeit ist, dass Ihnen tatsächlich etwas entgegenkommt, und zwar in Form eines gewaltigen, Angst einflößenden Kerls. Leibhaftig habe ich ihn zum ersten Mal in Vietnam in einem Museum gesehen und auch gleich fotografiert, zum Beweis, dass es ihn gibt. Kennengelernt hatte ich den Burschen allerdings schon früher, aber bis dahin noch keine Darstellung von ihm gesehen. Er ist mehr als Respekt einflößend, er ist fast überwältigend, aber eben nur fast, nicht ganz. Denn in seinem Gesichtsausdruck zeigt sich zugleich etwas so Abweisendes, dass man denken darf: Nein, er meint mich gar nicht, er kümmert sich gar nicht um mich, er steht nur da und zeigt seine Kraft.

In Vietnam war er eine Skulptur, aus Stein gehauen und doch auf von mir nie gesehene Art verblüffend lebendig wirkend, etwas kleiner als ich, mit einem wohlgeformten, muskulösen Körper. Den rechten Arm, mit einem steinernen Schwert in der Hand, hob er zum Angriff, die linke Hand formte vor dem Herzen ein Mudra, Daumen und Zeigefinger bildeten einen Kreis, die Geste des Wissenden. Er trug Kopfschmuck, um die Oberarme herum einen Reif, die Hüften umgab ein Lendenschurz, ein schwerer Gürtel hielt ihn. Kein Zweifel, dieser steinerne Krieger hatte Bodenhaftung. Nichts und niemand könnte ihn umwerfen. Und das, obwohl er auf einem Wesen stand, das ungleich schrecklicher aussah als er. Es lag platt gedrückt am Boden, den Kopf nach vorn gestreckt, die Arme – oder waren es Beine – nach hinten verrenkt, ein Fabelwesen, ein Dämon, mit weit aufgerissenen Augen, einer Nase, die einem Phallus glich, einem Maul, das bleckend kleine, spitze Zähne zeigte – unterworfen, aber immer noch wach und jederzeit fähig, wieder zu erstarken.

Es ist eine Sache, über Archetypen zu lesen, eine ganz andere ist es, plötzlich vor ihnen zu stehen. Dies hier war nicht irgendeine Darstellung eines Kriegers, nein, dies hier war der Hüter der Schwelle, ich erkannte ihn sofort, der Wächter des Tores, *Le Gardien de la Porte*, so stand es auch auf dem Schild vor der Skulptur geschrieben. Es handelte sich um eine dieser alten Figuren, die sich in uns festgesetzt haben, als Bild, als Erfahrung, als Station auf unserem Weg. Alle Welt kennt den Hüter der Schwelle, sein moderner Beiname ist »Mr. Widerstand«. Alle Welt kennt ihn, weil sie ihn in Aktion erlebt. Er ist die personifizierte Darstellung dessen, was uns entgegenkommt, wenn wir uns auf den Weg machen. Ob wir uns aus den alten Geschichten herausarbeiten oder in die neuen Geschichten einschreiben wollen – er steht im Weg. Es ist so, wir haben mit Widerstand zu rechnen.

Doch auch wenn alle Welt den Hüter der Schwelle kennt – kämpfen wir doch täglich gegen irgendwelche Widerstände, die uns vom Eigentlichen abhalten –, erkennen wir ihn deshalb noch lange nicht. Denn das Widerständige, es kommt nicht von außen. Von außen kommen nur mehr oder minder günstige Umstände auf uns zu, die uns fördern oder hindern. Was uns der Hüter der Schwelle zeigt, sind die inneren Widerstände. Das ist das wahrhaft Erschreckende an diesem Wesen: Der Kerl sind wir. Er stellt in vollem Ausmaß dar, was sich in uns wehrt, was sich nicht verändern will, was den Status quo unbedingt erhalten will, was sich fürchtet. Nicht die Welt flößt uns Angst ein, wenn wir uns entfalten wollen, wir selbst sind unser eigener Widerstand, gewachsen aus alten Geschichten, Erfahrungen, Vorstellungen, Projektionen. Damit wir uns richtig verstehen: Das Äußere kann uns sehr wohl behindern, die Umstände können uns einengen, wir können auf Verbote stoßen, reale Gegner haben, am inneren Wachstum aber können nur wir selbst uns hindern.

So fordernd es ist, dies zu erkennen, so tröstlich ist es zugleich. Heißt es doch, dass wir selbst es folglich in der Hand haben, diesen Widerstand beiseitezuschieben.

Doch wie wird man inneren Widerstand los? Wie kämpft man gegen eine derartige Kraft an, die ja nicht umsonst so martialisch dargestellt wird?

Es ist tatsächlich ganz einfach und zeigt sich auch in dem Bild des Hüters der Schwelle. So wie er sich vor uns aufbäumt, uns den Weg versperrt, so weist er uns zugleich auf die Mittel hin, mit dem man ihn überwinden kann. Es ist jenes Mittel, das uns auf dem gesamten Weg zur Selbstentfaltung dient: Bewusstheit, Erkenntnis, Wissen. Indem wir uns den Weg bewusst machen, können wir den einzelnen Stationen des Weges mit Mut, Vertrauen und Offenheit begegnen. Denn, um es noch einmal zu wiederholen: Alles, was wir ins Bewusstsein heben, kann uns nicht mehr unbewusst beherrschen. Unter den Füßen des Hüters der Schwelle liegt nicht irgendein Untier, es ist der Dämon der Unwissenheit und der Unbewusstheit. Ihn besiegt zu haben, verleiht diese große, nicht zu erschütternde Kraft, die der Hüter ausstrahlt.

Sind wir wissend, wach und erkennend, sind wir präsent, dann haben wir genauso viel Kraft wie jene Figur. Wir haben sogar noch mehr Kraft, da wir uns in ihr erkennen. Wir erkennen, dass das, was uns entgegensteht, reine Projektion, und damit Fiktion ist. Statt des Äußeren, wie wir dachten, behindert uns unser Inneres. Es braucht weiter nichts als diese Erkenntnis, um das Wunder geschehen zu lassen: Der Widerstand löst sich auf. Als wäre er nie dagewesen, heben wir den Fuß an und schreiten durch das vom Wächter gehütete Tor hinüber auf die andere Seite.

Der Hüter der Schwelle steht ja nicht einfach irgendwo. Er bewacht tatsächlich ein Tor, den Durchgang, die Schwelle. Dahinter liegt die andere Seite, das Neue, zu dem wir aufgebrochen sind, für das wir unsere Land- und Sternenkarten angefertigt haben und das sich in uns bereits Raum verschafft, das uns verändert und immer mehr verändern wird. Auf der anderen Seite werden neue Anforderungen auf uns zukommen. Der Hüter der Schwelle prüft uns: Bist du schon so weit? Hast du genügend Vertrauen und Mut, kannst du meinen Anblick ertragen? Ich bin du! Willst du wirklich weitergehen?

Widerstand zeigt Veränderung an, Sie können, ebenso wie mit Ihren Sternen- und Landkarten, damit navigieren lernen. Wenn wir Gegenwind verspüren, heißt das nicht, dass die Reise nicht weitergeht. Es heißt, dass wir achtsam sein müssen. Unser Widerstand, so wir ihn als solchen wahrnehmen, zeigt uns, dass wir auf Kurs sind.

Erkennen wir ihn als das, was er ist, löst er sich auf, denn er hat seine Funktion erfüllt. Sie sollten an dieser Stelle keine langen Untersuchungen dazu anzustellen, woher diese innere Abwehr kam. Sobald Sie das tun, geben Sie nur dem Dämon Futter. Hier geht es vielmehr darum, dass Sie sich Ihrer Reise, Ihres Wegs zum Selbst, weiter bewusst bleiben. Der Hüter der Schwelle fordert Sie gewissermaßen auf, klar Verantwortung zu übernehmen, für Ihre Ängste, Ihre Zweifel, Ihre Wünsche, für Ihr Wollen und für Ihr Tun. Verantwortung heißt in diesem Fall, dass Sie für sich verantwortlich sind und dass Sie wählen dürfen, können und sollen. Sie haben erkannt, wo Sie stehen, also: Schieben Sie den Kerl zur Seite!

Sie brauchen ein Beispiel?

Sie haben sie schon selbst erlebt. Sie haben sich zum Beispiel nach langem Ringen entschieden, ein Seminar zu besuchen, eines, das Sie schon immer machen wollten, auch wenn es vermeintlich nichts mit Ihnen zu tun hat, Sie sind nämlich Bürokauffrau und jetzt wollen Sie zu einem Lomi-Lomi-Massage-Seminar. Es ist sehr teuer und Sie müssen mit Ihrem Geld haushalten, denn Sie überlegen gerade auch, eine neue Ausbildung anzufangen, den Beruf zu wechseln, weil Sie an Ihrem Arbeitsplatz derart unzufrieden sind, dass Sie ständig Kopfschmerzen bekommen. Drei Tage vor dem Seminar bezichtigt Ihr Kollege Sie, falsche Abrechnungen gemacht zu haben, Ihr Chef ist nicht da, die Stellvertreterin kann Sie nicht leiden und droht sofort mit einer Anzeige. Ihre Kopfschmerzen werden rasend, Sie kriegen eine Migräneattacke, Sie müssen nach Hause, sich krankschreiben lassen, auch das noch. Dann ruft Ihre alte Mutter an, die einen verstopften Abfluss hat, und Sie sollen helfen, und als Sie beschließen, das auch noch hinter sich zu bringen und dann zum Seminar zu fahren, selbst wenn Sie zu spät eintreffen werden, ziehen Sie die Tür hinter sich zu und haben den Schlüssel drinnen liegen lassen.

Nun, kennen Sie so etwas? Sie kennen es! Die Frau in diesem Beispiel hat jetzt mehrere Möglichkeiten. Sie kann verzweifeln, gegen die Tür treten und einen Heulkrampf kriegen. Sie kann den Schlusseldienst anrufen und sich erkundigen, ob sie die Seminargebühr erstattet bekommt, wenn sie nicht teilnimmt, um sich dann um ihre Mutter zu kümmern. Sie kann aber auch ihre Mutter vom Telefon der Nachbarin anrufen und ihr erklären, wie sie einen Fachmann ruft, der ihr hilft. Dann fährt sie zum Seminar, der Koffer war ja schon im Auto und unterwegs fällt ihr vielleicht ein, dass ihre Mutter einen Zweitschlüssel hat. Sobald das Seminar vorbei ist, fährt sie zu ihr, schaut nach dem Rechten und geht mit den neuen Eindrücken, dem herrlichen Körpergefühl und womöglich sogar ohne Kopfweh das Problem im Büro an.

Alle Ereignisse in diesem Beispiel kann man als Zufall ansehen. »Schicksal, es hat nicht sollen sein«, sagt man sich, »mir wird aber auch gar nichts leicht gemacht, hab ich es doch gleich gewusst, war ja klar, natürlich, immer ich …« Es lässt sich trefflich weiter lamentieren, die Welt ist gegen uns, wir sind die armen Opfer. Worum es uns eigentlich ging, ist längst vergessen, stattdessen verwenden wir unsere gesamte Energie auf die lange Klage darüber, dass das Leben uns mal wieder übel mitgespielt hat. Ich übertreibe nicht, wenn ich schreibe, dass uns diese Art zu reagieren – und nicht zu agieren – am Ende als Spielball der Mächte erscheinen lässt. Wir fühlen uns den Ereignissen ausgeliefert, wir sind erschöpft, schwach, abhängig. Und merken nicht im Geringsten, wie sehr wir daran mitarbeiten. Der »Dämon der Unwissenheit«, jenes garstige Tier, auf dem sich uns der Hüter der Schwelle entgegenstellt, hat gesiegt, zumindest vorübergehend. Wir verheddern uns im Für und Wider, im Wenn und Aber. Alternativen zu entdecken, aus allem noch etwas Gutes zu machen, fällt unter diesen nunmehr selbst erzeugten Umständen schwer. Und all das nur, weil wir unseren eigenen inneren Widerstand nicht anschauen möchten. Wach gerufen wurde er durch die Kette unangenehmer Ereignisse, durch reale Widrigkeiten, seine Kraft bezieht er aber aus unserem Unwillen, mit diesen realen Ereignissen umzugehen, letztlich aus unserer Angst vor Veränderung.

Was uns der Hüter der Schwelle eigentlich fragt?

Er will wissen, ob wir wirklich Ja gesagt haben.

Erinnern wir uns, das Ja gilt allem, was war, allem, was ist, und allem, was entstehen soll.

Der Hüter testet unsere Bereitschaft und unsere Wachsamkeit.

Und sind wir wachsam auf unserer Reise, dann macht es nichts, wenn unser Ja ein wenig verunsichert daherkommt. Dann sagen wir auch dazu Ja und machen einfach weiter.

Vielleicht schaffen wir es tatsächlich nicht mehr, an diesem Wochenende das Seminar zu besuchen, schade, aber nur eine Facette dessen, was wir eigentlich erreichen wollten: Für unser Wohlgefühl zu sorgen, endlich einmal zu tun, was wir wirklich wollen. Wenn wir dazu erneut Ja sagen, können wir aufhören zu lamentieren, aufhören, gegen die Umstände anzurennen. Wer weiß, vielleicht wird der Besuch bei Mutter diesmal ja schön? Vielleicht gehen wir statt auf dieses Seminar in eine neue Wellnessoase, die wir schon immer besuchen wollten, vielleicht entspannen wir dort viel besser als im Seminar. Vielleicht wäre auf der Autobahn Glatteis gewesen und wir sind sicher zu Hause geblieben und laden endlich mal wieder eine Freundin ein. Sobald wir die Umstände akzeptieren, die uns das Leben bietet, lässt es sich mit ihnen arbeiten.

Und sehr oft wird uns gerade durch das, was sich entgegenstellt, noch viel deutlicher, wohin unsere Reise gehen soll und wovon wir uns nicht mehr abbringen lassen.

Gegenwind gehört zur Reise, er hält uns wach und fordert uns auf, den Kurs zu halten.

Mit der Zeit können Sie zum geübten »Schwellenhüter-Kenner« werden. In meinen Seminaren kommt bei diesem Thema erstaunlicherweise oft Freude auf. Weiß man um diesen Abschnitt der Reise, lassen uns die kleinen Gemeinheiten des Lebens eher schmunzeln, als dass wir unter ihnen leiden oder gar zerbrechen und aufgeben.

Worum geht es denn im obigen Beispiel? Wirklich um das Lomi-Lomi-Massage-Seminar? Vielleicht war es ja gut, nicht hingehen zu können, so hatte man endlich Zeit, um darüber nachzudenken, wie lange man den verhassten Job noch machen will. Und schon muss man eher lächeln als sich ärgern: Erwischt, sagt der Hüter der Schwelle, lächelt ebenfalls, gibt den Weg frei und man formuliert ein spektakulär gutes Kündigungsschreiben.

Nicht das, *was* uns in den Weg gestellt wird, gilt es zu beachten, sondern *dass* uns etwas in den Weg gestellt wird und dass es an *uns* liegt, wie wir darauf reagieren wollen. Später können Sie noch einmal darüber nachdenken, welche, wahrscheinlich alte Themen Ihnen präsentiert wurden. Aber tun Sie es erst, wenn Sie wieder auf dem Weg sind. Dazu rate ich Ihnen mit Nachdruck. Sie ersparen sich viel Zeit, schlechte Laune, Energie.

Gebe ich längere Seminare wird der Hüter der Schwelle zumeist am dritten Tag zum Thema.

»Mir ist das hier alles zu anstrengend«, mit dieser oder ähnlichen Formulierungen wird der Tag eröffnet. »Das sind in Wahrheit gar nicht meine Themen. Ich bin gekommen, weil ich schreiben lernen möchte. Meine Vorstellungen und Träume lassen sich sowieso nicht umsetzen.« Menschen, die noch am Vorabend strahlend ihre neu formulierten Ziele mit anderen geteilt haben, sind über Nacht zu einem anderen geworden.

Anfangs habe ich dann argumentiert, versucht zu erklären und zu überzeugen, warum sich das Schreiben und Arbeiten an sich selbst lohnt. Aber das verstärkte die Zweifel und Vorbehalte nur. Heute erzähle ich die Geschichte des mächtigen Kerls und zeige das Foto herum. Hier und nur hier liegt die Antwort, das kann ich inzwischen behaupten. Das Erkennen des Widerstands löst ihn auf. Argumente, Pro und Contra, verstärken ihn.

Nur zweimal habe ich es erlebt, dass die jeweils Betroffenen trotzdem nach Hause fuhren. Und auch das war gut und richtig so. In beiden Fällen handelte es sich um Menschen, die sich überfordert hatten. Sowohl psychisch als auch physisch brauchten sie Ruhe und Schutz. Veränderung, Entfaltung war nicht ihr Thema, sie brauchten Stabilität. In beiden Fällen kamen diese Menschen später erneut und nahmen ihre Themen wieder auf. Auch das kann also der richtige Weg sein.

In all den anderen Fällen aber war es so, dass sich die Zweifel schlicht in Luft auflösten. Die Kraft, die einen zurückhalten wollte, war durchschaut worden. Ohne lange zu diskutieren, wurden die eigentlichen Anliegen wieder aufgenommen, das Strahlen kehrte auf die Gesichter zurück, die dunklen Wolken des Zweifels verflogen, weiter ging es auf dem Weg ins Neue, zu dem, was angesteuert worden war, ob es ein besserer Job war, ein liebevollerer Umgang mit sich selbst, der Plan, sich mehr und klarer zu zeigen in dieser Welt … Das Ja war wieder da, das große Ja zum Leben.

Ich will Ihnen ein weiteres Beispiel geben, wie massiv sich der Hüter der Schwelle uns in den Weg stellen kann und warum es gut ist, ihn zu durchschauen und beiseitezuschieben. Denn hätte ich das nicht getan, wäre dieses Buch nicht erschienen, zumindest dieses Kapitel nicht entstanden.

Ich muss vorausschicken, dass ich Jahre gebraucht habe, um dieses Projekt endlich anzugehen. Und wer weiß, hätten nicht so viele Teilnehmer meiner Kurse immer wieder gesagt: »Schreib es endlich auf«, wer weiß, ob es überhaupt geschehen wäre. Meine größte Angst war, dass ich mich durch dieses Buch ausgrenzen würde, dass man mich in den literarischen Kreisen schief ansehen würde, dass man Romane von mir erwartete und nichts anderes und dass ich ausgeschlossen werden würde, wenn ich diese nicht im marktgerechten Rhythmus lieferte. Und ausgeschlossen werden – das hatte ich schon als Kind erlebt, als sie mit den Fingern auf mich zeigten und spotteten – ist wahrhaft schrecklich. Die Gefahr ist in solchen Situationen groß, dass man sich eher versteckt als zeigt und in der Folge gar nichts mehr entsteht. Meine Furcht hatte also eine Ursache, die in meiner Vergangenheit lag, sie speiste sich aus Erfahrungen, die ich in meine Zukunft projizierte.

Allerdings hatte ich zugleich das Gefühl, noch nicht so weit zu sein, noch mehr Erfahrungen in meiner Arbeit sammeln, noch mehr recherchieren zu wollen. Und jedes Mal, wenn ich mit dem Schreiben begonnen hatte, hatte ich es kurz darauf wieder abgebrochen. Irgendwann wusste ich aber, jetzt ist es so weit, dieses Jahr schreibe ich, und am Ende des Jahres soll das Buch fertig sein. Als ich begann, entdeckte ich, dass alles perfekt vorbereitet war, ich hatte die Schreibzeit mehr oder weniger unbewusst eingeplant, weniger Aufträge angenommen und doch so für mich gesorgt, dass ich mir Zeit nehmen konnte. Alles ging gut, bis ich an das Schreiben genau dieses Kapitels kam.

Es fing damit an, dass ich alles, was ich bis hierhin geschrieben hatte, anzweifelte. Außerdem war mir mein Roman wieder eingefallen, den ich ja auch schreiben wollte. War es nicht unklug, dies nicht zu tun? Ein Freund, selbst anerkannter Autor, fragte mich just zu diesem Zeitpunkt, wann es denn endlich wieder etwas von mir zu lesen gäbe, ich liefe Gefahr, völlig vom Markt zu verschwinden. Futter für meinen Dämon! In meinem Kopf brauste es; anstatt zu schlafen, versuchte ich, nachts den Romanplot zu entwickeln, eine Art somnambules Schreiben zu trainieren. Ich überlegte, ob ich vielleicht morgens zwei Stunden eher aufstehen sollte, um diese gewonnene Zeit in den Roman zu investieren und dann weiter an diesem Buch hier zu arbeiten.

Diese Überlegungen wurden unterbrochen durch einen Brief

vom Finanzamt, eine Steuerprüfung stand mir ins Haus. Zur selben Zeit besuchte mich meine Tochter, die großen Liebeskummer hatte und Beistand brauchte, und meine Seminarveranstalter forderten die Terminzusagen für das Folgejahr ein. Ich hielt durch und ließ mich von all diesen Anmutungen nicht mehr abbringen.

Schließlich kam der Tag des Schreibens. Am Morgen trafen Handwerker ein, die das Haus anstrichen, sehr ruhig, sie störten nicht, keine Gefahr. Ich musste nur noch schnell eine Überweisung machen, wobei ich entdeckte, dass eine mir unbekannte Firma Geld von meinem Konto eingezogen hatte. Ich rief die Bank an, setzte ein böses Fax ab und konzentrierte mich wieder, das war leicht, ich wusste ja genau, was ich schreiben wollte. Draußen setzte zu diesem Zeitpunkt Starkregen ein. Die Handwerker waren in ihr Auto geflüchtet und machten Pause. Ich holte das Foto aus Vietnam hervor, DIN-A4-Format, legte es neben meinen Platz, als der Computer meldete, dass er Word beenden müsse, es sei ein Fehler aufgetreten. Meine Tochter kam herein und wollte sich verabschieden, wir holten ihr Gepäck – ein kurzer Blick ins Bad, ob sie alles eingepackt hatte, ergab, dass in der Toilette das Abwasser hochquoll, ebenso in der Dusche, das eingebaute Rückstaubecken versagte ganz offensichtlich. Ich rief den Installateur an, der kam sofort und konnte nach einer Stunde Entwarnung geben. Auch die Sonne schien wieder, meine Tochter fuhr ab, die Handwerker weißelten die Hauswand, das Word-Programm hatte sich erholt.

Inzwischen war es Abend. Ich schrieb und begann mit den Worten: »Sie haben es wahrscheinlich längst geahnt …«

Ja, ich kenne ihn gut, den Hüter der Schwelle, wirklich sehr gut. Er kann verdammt hartnäckig sein. Es ging nämlich noch weiter:

Zwei Tage später rief mich ein Buchhändler an, um mir mitzuteilen, dass meine Bücher vom Markt genommen worden seien. Ich hielt den Atem an. Hatte ich doch recht gehabt mit meinen Ängsten? Was hatte das zu bedeuten? Bereits am Folgetag stellte sich alles als Irrtum heraus, im Gegenteil wurden sogar alle meine Bücher neu aufgelegt. Ich trat vor die Tür, freute mich meines Lebens und überlegte, wie es weiterging. Und als ich mich umdrehte, hatte ich das Gefühl, dass da niemand gewesen war, der mir im Weg gestanden hatte.

Die Statue in Vietnam habe ich übrigens auch von hinten fotografiert, irgendwie sexy mit diesem kleinen süßen Röckchen um den strammen Po.

Impuls

Und was ist Ihnen passiert, seit Sie dieses Buch hier lesen? Lassen Sie sich Zeit für die Beantwortung der Fragen, denken Sie nach:

- Gab es Widerstand, kamen alte Ängste und Zweifel hoch?
- Wann kam der Widerstand auf?
- Ergab er sich durch äußere Umstände?
- Wurden die Kinder krank oder der Partner oder gar Sie? Erkältung? Kopfweh? Migräne?
- War auf der Arbeit zu viel los?
- Sie haben gar keine Arbeit? Sie haben Geldnot, müssen sich erst mal um die »wirklich wichtigen« Dinge im Leben kümmern?
- Oder waren es eher Ihre inneren Anteile, die Ihnen den Weg verstellten? All die Befürchtungen, die uns umtreiben kön-

nen: Dass wir zu gewagt träumen, zu anspruchsvoll sind, dass wir es sowieso nicht schaffen, dass wir uns nicht zu früh freuen dürfen, dass wir für alles im Leben bezahlen müssen …

Denken Sie jedoch daran, bei dieser Etappe unseres Weges kommt es nicht so sehr darauf an, die tiefer liegenden Gründe für all diese Themen zu erforschen, die Spuren in der Kindheit zu suchen und zu analysieren oder Ähnliches, es geht vielmehr darum, herauszufinden, was der Widerstand mit uns machen will. Wovon will der Widerstand Sie abhalten?

Gehen Sie an Ihren Schreibplatz und schreiben Sie alles auf, was Ihnen dazu einfällt. Achten Sie dabei darauf, nicht den Dämon zu füttern. Lassen Sie sich nicht auf die Emotionen ein, die mit diesem Thema verbunden sind, diesmal sollte Ihre Schreibhaltung eher eine analytische sein.

Schauen Sie auf das Geschehene wie ein Drehbuchautor und schreiben Sie in der dritten Person, das erlaubt eine größere Distanz. Beantworten Sie folgende Fragen:

› Wie benimmt sich diese Person, die Sie sind?
› Was hält sie davon ab, das, was sie sich vorgenommen hat, zu verwirklichen?
› Wie viel Energie verwendet sie darauf?
› Was kommt aus ihrem Inneren, was sind äußere Umstände?
› Soll die Person, die Sie sind, noch warten oder jetzt besser einfach weitergehen und die nächsten Schritte gehen?

Schreibend können wir die Perspektive des Betrachters einnehmen. Die Distanz, die diese Haltung ermöglicht, erlöst uns bereits aus dem Gefühl, dem Leben schicksalhaft ausgeliefert zu sein. Indem wir uns betrachten lernen, lernen wir, uns immer besser zu begleiten.

Und jetzt denken Sie daran: Vor Kurzem haben Sie noch laut Ja gesagt und wollten sich »trauen«. Kann das, was Sie jetzt aufgeschrieben haben, Sie abhalten, den Weg weiterzugehen, sich tiefer und wahrhaftiger in Ihr Leben einzuschreiben?

Nehmen Sie Ihr Blatt hervor, auf dem »ICH SELBST WERDEN« steht. Betrachten Sie es.

Schreiben Sie noch einmal einen Text, nicht länger als **30 Minuten**:

»Wo ich hingehe ...«

Es wird immer klarer in Ihnen.

Hören Sie dieses leise Rieseln, wenn der Kerl zu Staub zerfällt?

Das Tor und der eine Schritt

Eigentlich geht es ja gar nicht um ihn, wir dürfen es Mr. Widerstand nur nicht sagen. Er hat sich doch so stark gemacht, uns so grimmig angeschaut. Doch es ist so, es geht nicht um ihn, es geht um das Tor, das er bewacht. Durch ein Tor zu schreiten ist etwas anderes, als durch eine Tür zu gehen. Es ist noch nicht lange her, da waren Tore Bollwerke, sie schützten die Städte, am Tor entschied sich, ob man Bürger der Stadt mitsamt aller Rechte sein konnte, oder ob man außen vor blieb, was bedeutete, dass man nicht handeln, nichts verdienen, in unserem modernen Sprachgebrauch: sich nicht entfalten durfte.

Der Hüter der Schwelle ist eine archetypische Figur, das Tor ein archetypisches Bild. Hinter dem Tor liegt eine neue Welt. Manchmal kann das eine recht verschlossene Welt sein, zum Beispiel ein Kloster; wer hier eintritt, trifft eine Entscheidung für immer. Es mag ein prächtiges Schloss hinter dem Tor liegen, ein großes Versprechen. Eine Stadt kann sich uns öffnen oder gar ein fremdes Land.

Indem jemand durch das Tor geht, wird er verwandelt. Im Märchen von Frau Holle entscheidet sich beim Durchgehen durch das Tor Wohl und Wehe für die Protagonistinnen. Die eine wird mit Gold überschüttet für ihr Tun, die andere mit Pech bestraft. Das sind äußerst wirksame Bilder, die sich in uns verankert haben. Wenn wir schreiben, arbeiten wir mit solchen Bildern. Wir können uns von ihnen führen lassen, wir können sie verwandeln, wir können sie be- und umschreiben.

Oft lege ich in meinen Seminaren Postkarten mit verschiedenen Motiven aus. Das Schreibthema heißt dann »Neuland« und auf den Karten kann man Landschaften sehen, Schiffe, Bergwelten, Hochhäuser, Städte oder eine Parkidylle. Die Karte, auf der ein großes Tor abgebildet ist, wird jedes Mal gewählt. Das Tor markiert den Übergang. Menschen, die sich mit dem Bild des Tores beschäftigen, sind mehr als entschlossen. Sie wollen nicht nur Pläne umsetzen, wieder aktiver werden, Ziele verfolgen oder Ähnliches, sie sind bereit für die Verwandlung.

Ich biete Ihnen hier an, mit dem Bild des Tores zu arbeiten. Imaginieren Sie Ihr Tor, durch das Sie hindurchschreiten wollen. Ausmaß und Gestalt dieses Tores haben sowohl damit zu tun, was Sie erwartet, als auch damit, welche Aufgaben sich ganz aktuell in Ihrem Leben stellen.

Ist es ein großes, mächtiges Tor, das Sie sehen, so zeigt es Ihnen, dass dahinter ebensolches auf Sie wartet, Ausweitung wird das Thema für Sie und ganz aktuell geht es darum, sich mehr eigenen Raum zu nehmen im Leben. Wahrscheinlich empfinden Sie angesichts eines so machtvollen Tores eine gewisse ängstliche Ehrfurcht: Darf ich das denn wirklich oder nehme ich mir zu viel heraus? Ja, natürlich dürfen Sie es! Das ist Ihr nächster Schritt, der ansteht. Gehen Sie durch das Tor, nehmen Sie sich mehr Raum.

Ist Ihr Bild eher das eines hohen schmalen Portals, schmucklos und von strenger Linienführung, so heißt es, dass Ihr Weg nun eindeutiger, klarer, entschiedener werden soll. Fokussierung ist das Thema. »Schluss mit den Spielchen« werden Sie denken, wenn Sie dieses Tor sehen, und es wird darum gehen, dass Sie Entscheidungen treffen. Und tatsächlich werden Sie sich ein bisschen so fühlen, also würden Sie hindurchgepresst. Verantwortung übernehmen und loslegen, darum geht es. Keine Angst, Sie sind bereit, sonst würden Sie das Bild nicht in sich tragen.

Sehen Sie ein reich verziertes Tor vor sich, herrliche Intarsienarbeiten, viel Schnitzkunst, bunte Farben, so wird es für Sie darum gehen, sich endlich einmal selbst zu verwöhnen, ja, sich Luxus zu gönnen, innerem und äußerem Reichtum Platz zu verschaffen, sich im vollen Glanz zu zeigen. Die Vorstellung von diesem Tor ist mit einer prickelnden Aufregung verbunden, ein lustvolles Gefühl wird den Entschluss begleiten, es zu öffnen und hindurchzugehen.

Immer hat das Tor exakt die Form und die Größe, die wir gerade brauchen. Um was zu tun? Um Furcht in Kraft zu verwandeln, Verzagtsein in Größe, Kleinmut in Erhabenheit, Hochmut in Würde, Angst in Lust, Feigheit in Verantwortung. Denn was auf der einen Seite als negativ und bedrohlich gefühlt wird, wächst einem nach dem Durchschreiten auf der anderen Seite als transformierte Qualität zu. Verantwortung für sich selbst zu übernehmen wird als Furcht gefühlt und in Kraft verwandelt. So groß die Furcht, so groß ist die Kraft. So eng und beklemmend das Gefühl vor dem Weitergehen ist, so weit wird das Herz, wenn man es getan hat.

Und wieder ist es so, dass man es nur erleben kann, indem man es tut.

Das Tor zu durchschreiten, bedeutet das Ende von Beliebigkeit und das absolute Ende des Lamentierens. Es bedeutet, dass Sie Ihre Kündigung abschicken und nicht länger über Ihren fürchterlichen Chef nachdenken. Es bedeutet, dass Sie die Annonce aufgeben, um die neue Wohnung zu finden, in der Sie jenseits desolater Beziehungen Ihr eigenes, neues gelungenes, gesundes Leben leben. Das Tor durchschreiten heißt, dass Sie endlich die überfällige Kur beantragen und sich somit eingestehen, dass Sie wieder rundum gesund werden wollen. Das Tor durchschreiten heißt, dass Sie Ihrer Umgebung, Ihren Lieben sagen, was Sie wirklich wollen, und dass sich deshalb einiges ändern wird. Sie werden noch mal studieren, es wird nicht länger jeden Tag ein aufwendiges Mittagessen auf dem Tisch stehen. Das Tor durchschreiten heißt, dass es kein Zurück mehr gibt.

Lange haben Sie sich bis hierhin durchgearbeitet. Jetzt ist es nur ein Schritt, einer der zählt.

Gehen Sie ihn.

Impuls

Ist, nachdem Sie dieses Kapitel gelesen haben, bereits ein Bild in Ihnen entstanden? Erlauben Sie sich, damit zu arbeiten. Und wenn dem noch nicht so ist, dann stellen Sie sich jetzt **Ihr Tor** vor. Wie sieht es aus?

Was sehen und was empfinden Sie bei seinem Anblick?

Woraus ist es gemacht? Aus Holz geschnitzt? Ist ein kleines Dach vorhanden?

Sind Verzierungen angebracht, ist es bemalt, gar vergoldet? Können Sie dahinter schon etwas erkennen? Kann man Landschaft sehen oder ein Haus? Oder führt dieses Tor unmittelbar hinein in ein Gebäude, zum Beispiel in einen Palast? Oder in einen Garten?

Erschrecken Sie nicht, wenn Ihr Tor sehr groß und beeindruckend ist. Ihr Thema wird gerade das sein, endlich Ihre eigene Größe zuzulassen, sich nicht mehr zu verstecken, der Welt zu zeigen, wer Sie sind und was Sie können. Schluss damit, sich klein zu machen, um geliebt zu werden. Zeigen Sie Ihre Größe und finden Sie wahre Anerkennung.

Ist es ein altes Tor? Was fällt Ihnen zu diesem Thema ein? Geht es vielleicht um Ihre Vorfahren? Gibt es unter ihnen Beispiele, von denen Sie jetzt lernen können, die Sie innerlich dazu befragen können, was Sie tun sollen? Was ist Ihr Erbe im positiven und im erweiterten Sinn? Gab es jemand, der etwas gewagt hat, was auch Sie schon immer tun wollten? Öffnen Sie das Tor und suchen Sie die starken Wurzeln bei sich.

Sie sind es, die in Korrespondenz treten mit den eigenen Bildern, und diese Bilder verraten uns sehr oft mehr als das, was wir uns mit unserem analytischen Denken erschließen können.

Machen Sie sich Notizen zu Ihrem Tor, vielleicht wollen Sie es sogar malen oder Sie finden irgendwo eine Postkarte oder ein Foto, das Ihrem inneren Bild entspricht.

Und wenn Sie das getan haben, dann gehen Sie an Ihren Schreibplatz und legen Sie das große Blatt mit dem großen »Ja« in der Mitte und daneben das große Blatt, auf dem »ICH SELBST WERDEN« steht. Blättern Sie noch einmal in Ihren Texten zum Thema »Wo ich hinmöchte« und »Wo ich hingehe«.

Dies alles haben sie schon getan. Jetzt gehen Sie noch einen weiteren Schritt. Schauen Sie auf die Uhr, **30 Minuten** voller Entschlossenheit. Ihr Thema lautet:

»Was zu tun ist!«

Sie wissen es schon lange, aber jetzt schreiben Sie es auf. Sie gehen durch das Tor auf die andere Seite. Zögern Sie nicht länger.

Auf der bunten Wiese sitzen

Haben Sie zurückgeschaut? Nein? Ein Tor von hinten, was ist das schon, ein uninteressanter Anblick. Etwas, das definitiv hinter einem liegt, denn auf diesem Weg gibt es kein Zurück. Wir haben schon so viel erreicht, dass wir uns jetzt wahrhaftig für einen Moment ausruhen dürfen. Da kann die Vision, die wir haben, die Landschaft, die vor uns liegt, noch so verlockend sein, der Drang nach dem Neuen noch so groß, jetzt ruhen wir uns aus. Und in diesem Ausruhen spüren wir die Belohnung für unser gesamtes bisheriges Tun. Es ist so viel schon erreicht! Wir waren mutig, wir haben uns und dem Leben vertraut, wir haben uns mit unseren Widerständen befasst und wir haben den Schritt auf die andere Seite gesetzt. Wir haben festgelegt, was zu tun ist. Das ist sehr viel. Und deshalb ist jetzt Entspannung angesagt.

Die Reise ist lang, es wird immer wieder neue Entwicklungsstufen geben, neue Aufgaben, neue Widerstände, neue Abschnitte und Passagen, dass wir jetzt würdigen sollten, was wir bereits erreicht haben.

Auf dem Weg zum Selbst geht es nicht um Leistung, wir müssen auch nicht nach jeder gemeisterten Anforderung gleich die nächste in Angriff nehmen. Wir werden nicht zu Machern. Vielmehr ist genau dies die Ebene, die wir verlassen werden. Stattdessen lassen wir entstehen, mit Entschiedenheit, aber nicht mit Gewalt. Zu diesem kreativen Weg gehört es unbedingt hinzu, sich selbst lieben und wertschätzen zu lernen, und dazu gehört wiederum, zu lernen sich auszuruhen, sich einmal selbst zu loben. Wie tapfer wir doch sind. Und hier passt das Wort einmal, ja, wir sind tapfer.

Ich habe inzwischen so viele Menschen kennengelernt, die mutig ihren Weg gehen, die viele schwierige Lebensaufgaben haben, alleinerziehende Mütter oder Väter, Menschen, die mit einer tödlichen Krankheit oder mit dem Ende ihrer Berufskarriere konfrontiert wurden, schwere Traumata erlitten haben, und wie oft habe ich erlebt, dass ein einziger Satz, der Anerkennung bezeugt, sie zu Tränen rührte, Tränen, die das Gesicht leuchten lassen. Ja, wir sind alle tapfer und mutig und wir sollten es uns gegenseitig viel öfter sagen und vor allem sollten wir uns diesen Respekt auch selbst zollen und ihm Raum und Ruhe geben. Uns selbst loben heißt, uns Zeit zu geben, Zeit, um uns zu entspannen, Zeit für die innere Arbeit, die ohne unser Zutun geschieht. Eigenzeit.

Und deshalb belohnen Sie sich jetzt bitte. Ab auf die Wiese, wo immer sie ist, wie immer sie bei Ihnen gerade aussieht.

Bei mir ist jedenfalls inzwischen Sommer geworden. »Seid wie die Lilien auf dem Felde …« heißt es in der Bibel. Gerade blühen sie, meine Taglilien. Jeden Tag geht eine neue Blüte auf, sie sind so verschwenderisch, stabil und robust wie Unkraut. Ich muss sie nicht sonderlich pflegen, sie vermehren sich von selbst, ihr Wachstum geschieht einfach.

Und so geht die Reise, eine Mischung aus Tun und sich Überlassen. Mal aktiv und entschlossen, Yang, wie die Chinesen es nennen würden, mal ruhend und sich sammelnd, Yin. Und so verläuft auch der Weg des Künstlers, weshalb Künstler oft so bewundert, manchmal sogar beneidet werden. Sie leben uns vor, wie man sich aktiv in den Schaffensprozess hineinbegibt, ohne Rückhalt, ohne Wenn und Aber. Man weiß, was zu tun ist, und man tut es, um sich dann wieder ganz dem Entspannen zu überlassen und auf diese Weise neue Kraft zu schöpfen. Sie können es den Künstlern nachtun: Auch Sie können sich belohnen, dadurch, dass sie dem Nichtstun Raum geben.

Das Ausruhen gilt unserem Wesenskern, es ist Ausdruck einer richtigen Form von Selbstliebe. Wir dürfen und sollen uns selbst lieben, gut zu uns sein. Ohne Ansprüche zu stellen, einfach nur zu uns selbst sagen: Wie gut, dass es mich gibt. Ich bereichere diese Welt.

Impuls

Und jetzt dürfen Sie, so Sie wollen, in der schönen Umgebung, in der Sie gerade sitzen, mit der Zeit, die Sie sich genommen haben, und der Art von Proviant, die Ihrem Körper gerade guttut, Ihre Schreibutensilien hervorholen.

Legen Sie eine Liste an zum Thema:

»Was ich alles schon geschafft habe!«

Und diese Liste wird richtig lang, weil Ihnen nämlich auch einfällt, wie Sie damals der blöden Lehrerin widersprochen haben und wie das allen in der Klasse nutzte. Und wie Sie Ihrem Exfreund neulich beim Umzug geholfen haben. Wie Sie sich Ihrer Krankheit gestellt oder mit dem Trinken aufgehört haben oder wie Sie die Scheidung überstanden und sich wieder aufgerichtet haben. Wie Sie den Keller aufgeräumt haben und wie viel ruhiger Sie geworden sind und wie oft Sie schon für sich und Ihre Familie gesund gekocht haben und wie mutig Sie sind, und wie Sie immer mehr Ihren Träumen vertrauen.

Und zwischendrin schauen Sie sich um, wie schön es da ist, wo Sie sich gerade befinden. Bis hierhin sind Sie gekommen und dafür loben Sie sich jetzt einmal selbst. Schreiben Sie diese Worte ruhig in Ihr Heft:

»Wie gut, dass es mich gibt, ich bin eine Bereicherung für diese Welt.«

Und wenn Sie mit der Liste fertig sind, dann schreiben Sie einen Text, der den Titel trägt:

»Danke – gut gemacht!«

Schreiben Sie in der Briefform, nehmen Sie sich **30 Minuten Zeit**, reden Sie sich selbst an und danken Sie sich für alles, was Sie gut gemacht haben, und danken Sie dem Leben, dass es sie gibt. Viel Freude damit!

Vom richtigen Ja- und Nein-Sagen

Sie werden in diesem Kapitel Ihre helfende Kraft kennenlernen. Das ist kein kleines Versprechen, nicht wahr? Und doch kommt das, was jetzt kommen muss, geradezu automatisch, von selbst. Es kommt aus Ihrem Selbst, Sie lernen Ihre innere Stimme kennen, und zwar präziser, als Sie sie bisher schon kannten. Sie brauchen diese innere Stimme, um Ihren weiteren Weg klar im Auge behalten zu können, um genauer zu werden, um im Sinne des hier Beschriebenen immer einzigartiger zu werden, das heißt: immer mehr Sie selbst.

Dieses Kapitel kann an keiner anderen Stelle im Buch stehen, denn um was es hier geht, kann und darf man nicht zu früh in Angriff nehmen. Es kommt einer Art Inventur gleich. Wir prüfen, was wir noch brauchen: Was gut und frisch ist, bleibt; was uns nicht mehr dient, wird abgelegt. Um im Bild unserer Reise zu bleiben, öffnen wir unseren Koffer, sehen nach, was sich darin noch findet, verfüttern die alten Butterbrote an die Vögel und füllen die Wasserflaschen frisch auf.

Sie lernen, Ja und Nein zu sagen. Hier lernen Sie vor allem, Nein zu sagen. Es ist das zweite Zauberwort. Sind die Kräfte des Ja-Sagens die der Ausrichtung und Fokussierung, die zukunftsweisenden, so sind die Kräfte des Nein-Sagens die der Erlösung. Das Nein löst die alten Verstrickungen, die alten Muster, die überkommenen Vorstellungen in uns auf.

Alte Vorstellungen und alte Muster kann man allerdings erst erkennen, wenn man neue Vorstellungen entwickelt hat. Das Ja kommt vor dem Nein und nicht umgekehrt. Nicht ohne Grund heißt es in der Bibel: »Eure Rede aber sei: Ja, ja; nein, nein.«[6]. Das heißt: Dies hier bekräftige ich, und deshalb kann ich zu dem anderen Nein sagen.

Die Geschichte von Daniel in der Löwengrube veranschaulicht das Prinzip. Auf einem Gemälde des Malers Briton Rivière wird sie so dargestellt: Daniel steht im Kerker, er schaut unbeirrt durch einen Mauerspalt ins Licht, dorthin richtet er sich aus, hierzu sagt er Ja. Die Löwen hinter ihm im Verlies beachtet er einfach nicht, sie können ihm deshalb nichts anhaben. Sein Gottvertrauen, und das ist in diesem Fall zugleich sein Selbstvertrauen, ist so stark, dass es den Angreifern hinter ihm die Mäuler verschließt, zu ihnen hat er Nein gesagt, er lässt sie einfach hinter sich. Daniel steigt am nächsten Morgen unversehrt aus der Grube, sein Weg geht weiter.

Ich werde des Öfteren gefragt, warum ich die Übung des Ja- und Nein-Sagens nicht gleich zu Beginn meiner Seminare mache. Die Sache ist die: Zu Beginn der Reise wissen wir noch nicht, was wir wollen, wir erahnen es höchstens. Es bildet sich erst heraus. So wie sich ein Buch oder ein Gedicht erst langsam herausbildet. Es entsteht und mitten im Prozess schauen wir es an, lesen alles noch einmal und wissen, das hier gehört gestrichen und dort geht es definitiv weiter. So ist es auch im Leben. Man aktiviert zuerst das Ja, die Vorstellungskraft. Dieses Ja braucht dann aber auch das Nein, um umgesetzt werden zu können. Man muss das Schiff erst besteigen und dann die Anker lichten. Andersherum läuft man große Gefahr, den Absprung nicht zu schaffen. Man bleibt stehen, dort, von wo man eigentlich wegwollte.

Wer zu früh Nein zu allem sagt, bekommt Angst, dass ihm dadurch alles genommen wird. Ohne irgendeine Alternative wird das Nein bedrohlich.

Als Kind wurde ich bei einem Polizeiverhör gefragt, warum ich denn zu dem missbrauchenden Vater nicht Nein gesagt hätte. Die Antwort war einfach, auch wenn ich sie als Kind nicht formulieren konnte: Ich hatte nicht Nein sagen *können*. Nein hätte für das Kind, das ich war, bedeutet, alles Bekannte – und ein Kind kennt nur seine Familie – zu zerstören. Wo hätte es hingehen sollen. Ins Kinderheim?

Später hatte ich die Kraft. Ich war immer noch ein Kind, inzwischen elf Jahre alt. Während der Zeit, in der mein Vater im Gefängnis war, war es uns allein mit der Mutter nicht schlecht gegangen. Sie hatte gehofft, die Ehe mit einem geläuterten Mann weiterführen zu können. Doch der Mann war nicht geläutert und die Mutter hatte uns inzwischen gelehrt, Nein sagen zu dürfen und zu sollen. Und da konnte ich es. Denn es gab plötzlich ein Leben danach. Das waren keine rosigen Aussichten, aber tausendmal bessere als dem Missbrauch weiter ausgesetzt zu sein.

All die Menschen, die Notsituationen entkommen, ihr Land verlassen, in dem gefoltert wird, Ehen, in denen geschlagen wird, die Tunnels graben, sich in Kofferräumen verstecken, um auf die andere Seite, in die Freiheit zu kommen, sie haben eine Vision, die sie zieht, die ihnen Kraft gibt. Sie tragen ein Ja und nochmals Ja in sich – und dann finden sie Wege, Nein zu sagen.

Ich erinnere mich an eine Frau, die ich auf einem Schiff kennenlernte, auf dem sie mir in aller Ruhe ihre Geschichte erzählte. Sie war in der DDR eine erfolgreiche Leistungssportlerin gewesen, mit Medaillen, Ehrungen und Privilegien überhäuft, umworben, gefördert und – gedopt. Sie liebte ihren Sport und sie liebte den Erfolg. Am Ende aber floh sie. Was ihr die Kraft dazu gegeben habe, fragte ich sie. Sie sagte, dass sie anfing, ihren Körper zu hassen, in dem sie sich nicht mehr wiedererkennen konnte. Das muskelbepackte Wesen im Spiegel war ihr fremd. Sie machte sich wenig Illusionen, sie hatte nicht die Vorstellung, im Westen sei alles besser und im Sport werde dort nicht ebenfalls mit allen Mitteln gearbeitet, auch mit den verbotenen, um höhere Leistungen zu erzielen. Sie sagte, sie hätte plötzlich ein Bild von sich gehabt, wie sie ihren Körper wieder liebt, diesen Körper, der es ihr ermöglichte, sich von der Erde zu lösen und zu gewaltigen Sprüngen anzusetzen, zu fliegen, die Lust zu erleben, sich die Messlatte immer höher zu legen. Dieses Bild, in dem sie sich in diesem gesunden, starken Körper sah, gab ihr die Kraft. Das war ihr Ja, mit ihm wusste sie, dass sie alles geben würde, um die DDR verlassen zu können. Ihre Karriere konnte sie im Westen nicht fortsetzen, sie studierte noch einmal und wurde Sportmedizinerin. Auf dem Schiff besuchte sie meinen Kurs zum Thema »Biografisches Schreiben« und ich ihren: »Ausgewogene Körperarbeit«.

Die Kraft, die uns gegeben ist, das Richtige zu tun, ist unsere innere Stimme. Sie weiß um richtig und um falsch, sie weiß um Ja und Nein. Auf diese Stimme ist Verlass. Je öfter wir ihr die Chance geben, nicht nur das Ja, sondern auch das Nein zu sprechen, desto deutlicher lernen wir, sie zu vernehmen. Wir wissen nicht, was uns erwartet, aber wir wissen, was richtig ist, und dieses Richtige bildet sich zu einer Vision heran, zu einer Vorstellung von dem für uns richtigen Leben.

Menschen, die früh gelernt haben, diese Stimme zu erkennen, und ermutigt wurden, auf sie zu hören, können ihr leichter folgen als Menschen, die schon in frühester Kindheit verunsichert und in ihrem Selbstwertgefühl beeinträchtigt wurden.

Sie, die dieses Buch lesen, werden so wie ich vielleicht eher zu Letzteren gehören. Das hat aber nicht nur persönliche, sondern auch kulturelle Gründe. Das tiefe Wissen um Richtigkeit, Stimmigkeit und die Ermutigung zur Eigenverantwortung muss in unserer Gesellschaft noch immer eingeübt werden. Es ist Basis und Ausdruck des freien Menschen. Freiheit ist, was noch immer am meisten fordert, sie ist das große Abenteuer. Je mehr man lernt, der inneren Stimme zu trauen, desto mehr kann man sich auf dieses Abenteuer einlassen.

Krystyna, von deren Flucht aus dem Warschauer Ghetto ich Ihnen erzählt habe, verließ sich einzig und allein auf ihre innere Stimme. Sie wusste nicht, ob ihr Unternehmen gelingen würde, sie wusste einfach nur, dass sie das Richtige tat. Ihr Handeln war ihre äußere und innere Befreiung. Ihr tiefes Wissen um Richtig und Falsch gaben ihr die Stärke. Die Vision der Freiheit gab ihr die Entschlusskraft zu handeln.

Um Ja und Nein sagen zu können, muss man erst eine Weile auf dem Weg sein. Ohne eine Vision kann die Ablehnung all dessen, was man bis dato erlebt hat, in tiefe Verlustängste, ja in die Depression führen.

Wenn man zu Beginn der Reise eine Liste anfertigt, auf der all die Dinge stehen, die man verneint, die gekränkt, verletzt, bedroht, beleidigt haben, all das, was man nicht mehr will, dann kann es sein, dass das Gefühl aufkommt, mit leeren Händen dazustehen: Ist denn gar nichts gut in meinem Leben, in meiner Familie, in meinem Umfeld? Muss ich denn alles wirklich verlassen? Diese Liste kann so bedrohlich werden, dass man beschließt, lieber nichts zu tun und zu bleiben, wo man ist, wenigstens daran kann man sich festhalten. Dies ist der Grund, warum so viele Menschen an ihrer Opferrolle festhalten. Sie haben Angst, alles zu verlieren, wirklich alles. Niemand hält das aus, niemandem gibt das Kraft.

Wenn Sie Ja sagen lernen, wie in den vorigen Kapiteln beschrieben, nehmen Sie das Zepter wieder in die Hand, es ist eine Ermächtigung, Sie sagen Ja zu Ihrem Leben und Sie sagen Ja zu dem, wie Sie leben wollen.

Wenn Sie Nein sagen lernen, nehmen Sie das Schwert in die Hand. In der buddhistischen Tradition nennt man es das Schwert der unterscheidenden Weisheit. Es trennt das Richtige vom Falschen. Und darum geht es. Tief in uns wissen wir, was richtig und was falsch für uns ist. Was guttut und was schadet. Die innere Stimme lässt uns die Unterscheidungskraft zukommen, damit wir uns vom Schlechten trennen lernen, uns davon lösen, erlösen und damit wir das Gute mitnehmen und uns von ihm leiten lassen können. Damit wir der richtigen Spur folgen können.

Und genau diese unterscheidende Weisheit ermöglicht es, die guten Aspekte unseres Lebens zu bewahren und dennoch zu gehen, ohne schlechtes Gewissen und mit viel Kraft. Die Ärztin auf dem Schiff hatte ihre Liebe zum Sport bewahrt, sie fand auch viele Aspekte des Lebens in der DDR weiterhin gut, aber das, was sie nicht akzeptieren konnte, ließ sie hinter sich. Das Kind, das den missbrauchenden Vater erlebt, sagt nicht zu dem ganzen Menschen Nein. Das Kind sagt Nein zum Missbrauch. Es kann die Anteile, die gut waren, für sich und in sich bewahren, und genau diese Anteile sind es ja, die die Stärke geben, das Nein zu sagen. Die Kollegen auf der Arbeit sind nett und hilfsbereit, die Tätigkeit ist fordernd und hochinteressant, aber die Anforderungen der Firmenleitung, die hysterische Chefin und das niedrige Gehalt sind nicht länger akzeptabel. Ja, ja, nein, nein. Die Freude an der Arbeit wird mitgenommen, da gibt es nichts zu leugnen, aber ausbeuten lassen muss man sich nicht.

Ja- und Nein-Sagen lernen befreit vom falschen schlechten Gewissen, vom Gefühl des Verrats, wenn man die alte Gemeinschaft, das bisher Erlebte, verlässt. Ja- und Nein-Sagen lernen wird zum Mittel, die weitere Reiseroute zu planen: Dies hat mir gutgetan, ich will es verstärken, den Faden aufnehmen und weiterspinnen. Und von den anderen Dinge löse ich mich.

Insbesondere Frauen haben Probleme damit, Nein zu sagen. Sie sind gern vermittelnd, verständnisvoll in jeder Hinsicht, sie relativieren gern, das sind sehr gute Eigenschaften.

Jetzt aber sollten Sie an einem Punkt angekommen sein, an dem Sie sich auch einmal das Nein-Sagen gestatten. Es dient nicht der Verurteilung, es dient der Ausrichtung, es dient der klaren Sicht. Sie sind inmitten Ihres Lebensromans. Sie schreiben Ihre Geschichte selbst. Überlegen Sie, welche Erzählstränge weiterhin dazugehören sollen und welche Sie kappen wollen.

Impuls

Die Aufgabe, die jetzt auf Sie zukommt, kann eine der befreiendsten für Sie werden.

Zum Ja, zur Akzeptanz all dessen, was ist, gehört die Fähigkeit, falsch und richtig zu unterscheiden. Akzeptanz bedeutet eben auch, dass man hinspürt, was einem gut- und was einem nicht guttut. Was einen wachsen lässt, was das Wachstum behindert; was das eigene Werk fördert und was das Entstehen der Arbeit verzögert.

Salopp gesagt, sind Sie jetzt auf Stufe zwei der Akzeptanzübung angekommen und deshalb nehmen Sie sich jetzt ausreichend ungestörte Zeit, um eine doppelte Liste anzufertigen, am besten auf einem oder mehreren großen Bögen Papier.

Und jetzt nehmen Sie allen Mut, den Sie haben, und schreiben auf die linke Seite des Blattes

»Nein.
Was alles nicht gut war oder ist …«

Auf die rechte Seite schreiben Sie

**»Ja.
Was alles gut war bzw. ist ...«**

Verstehen Sie die Einteilung als eine lockere, ziehen Sie bitte keinen Strich in der Mitte, das lässt die Möglichkeit offen, dass etwas doch in der Mitte stehen will, etwas, bei dem Sie noch unentschieden sind, das Ihnen aber gerade einfällt. Die Mitte markiert den neutralen Ort.

Schreiben Sie, was Ihnen in den Kopf kommt, stichwortartig, möglichst zügig.

Wichtig ist, dass Sie das momentane Gefühl, Ihren aktuellen Eindruck in Bezug auf Ereignisse oder Lebenssituationen, an denen Sie gerade arbeiten, zulassen. Sie wissen, dass man alles unter verschiedenen Aspekten besehen und bewerten kann. Morgen kann sich das, was Sie heute als hinderlich bewerten, als fördernd zeigen. Aber darum geht es jetzt einmal nicht. Jetzt üben Sie »unterscheidende Weisheit« ein.

Unterscheidende Weisheit gehört ebenso zum Erleuchtungsweg wie unumwundene Akzeptanz, sie ist Teil dieser Akzeptanz, sie ist sogar richtig verstandenes Mitgefühl. Und sie weiß ganz klar und scharf, was richtig und was falsch ist. Die Figur, die im Buddhismus diese Eigenschaft verkörpert, ist der sogenannte Bodhisattwa Manjushri, mit goldenem Schwert trennt er das Richtige vom Falschen. Ihre innere Stimme ist Ihr goldenes Schwert. Erlauben Sie sich, aufzuschreiben, was falsch war, wozu Sie Nein sagen. Relativieren Sie nicht, das können Sie später wieder machen. Reden Sie Tacheles, klare Ansage. Dies tat mir gut, dies tat mir nicht gut. Haben Sie Spaß dabei, endlich einmal diese klare Aussage zu treffen.

Klar zu sein, bedeutet nicht, den anderen nicht zu verstehen in dem, wie er geworden ist, oder welche Gründe und Motive seine Handlungen bedingten. Darum geht es jetzt nicht. Klar zu sein bedeutet in diesem Fall, hier und jetzt in sich hineinzuspüren und der Stimme, die sagt, dass etwas nicht guttut, endlich einmal zu vertrauen.

Dass Mutter mich nie umarmt hat? Es tat nicht gut, also auf die linke Seite. Dass Mutter ein Kriegskind war, viel Schlimmes erlebt hat, selbst nie umarmt wurde ... jetzt nicht, später. Ganz sicher haben Sie dieses Mitgefühl und Wissen, aber jetzt geht es darum, nur nach innen und auf **Ihre** Situation zu hören. Sie sind dran:

»Das tut gut, das tat nicht gut. Ja, ja, nein, nein.«

So machen Sie Wahrnehmungstraining für die innere Stimme.

Schieben Sie die Liste beiseite. Gönnen Sie sich eine Atempause, am besten einen langen Spaziergang, bei dem Sie nicht nachdenken, sondern nur in sich hineinspüren: Wie fühlen Sie sich? Welches Körpergefühl haben Sie? Ihr Kopf, ist er aufgeräumt? Und die Welt, wie sieht die heute aus? Versuchen Sie, präsent zu sein und zu bleiben. Stärken Sie sich, wenn Sie nach Hause kommen, und dann nehmen Sie sich nochmals Zeit und schreiben einen Text nach dem Prinzip »Erster Gedanke, bester Gedanke«. Der Text muss nicht unmittelbar das aufnehmen, was Sie gerade aufgelistet haben, kann es aber natürlich.

Schreiben Sie, solange Sie mögen. Ihr Thema:

»Worauf ich achten werde!«

Und wenn Sie das alles gemacht haben, dann haben Sie wirklich ein dickes Lob verdient. Das war nämlich Schwerstarbeit. Tun Sie sich etwas Gutes – Klarheit hilft, das Leben immer mehr zu genießen.

Unterwegs sein

Welch ein Genuss, Überblick zu gewinnen, klarzusehen, zu wissen, was einem guttut und was nicht! Als würden Sie von einer Anhöhe aus Ihr Leben überschauen.

Was der rote Faden in Ihrem Leben ist, erfahren Sie auf den nächsten Seiten, wahrscheinlich werden Sie erstaunt sein.

Sie werden lernen, was die klare Sicht bewirkt und dass man zum Handeln einen sicheren Ort haben muss, von dem aus man agiert.

Und all das wird Ihnen helfen, Wünsche Wirklichkeit werden zu lassen.

Daran haben Sie noch Zweifel? Auch darum geht es, auch auf Zweifel gibt es eine Antwort.

Vor allem aber werden Sie lernen, dass eine sehr einfache Einsicht Ihr Leben komplett verändern kann und zwar in eine Richtung, in die Sie schon immer gehen wollten.

Sie werden erfahren, was für den großen Umschwung in Ihrem Leben sorgt. Die Folgen dieses Umschwungs? Heilung.

Und ist nicht allein das ein Grund, sich wieder und wieder auf das Abenteuer der Selbstwerdung einzulassen?

Klare Sicht

Wie gut es tut, nicht wahr? Endlich einmal Klartext reden, Ja und Nein sagen. Sie haben es nicht nur gesagt, Sie haben es aufgeschrieben, schwarz auf weiß, das verleiht der Sache wesentlich mehr Gewicht. Doch ist es nicht seltsam, hat man es sich erst einmal getraut, dann kommt es einem plötzlich gar nicht mehr so gravierend und bestimmend vor. Indem man sich ausdrückt, nimmt man tatsächlich den emotionalen Druck heraus. Was man in Worte fassen kann, kann man hinter sich lassen. Es ist sozusagen erledigt. Das Zaudern und Zagen, das Relativieren der eigenen Gefühle, sogar des Wissens, hat alles so groß und schwierig gemacht. Klares Benennen hingegen lässt die gebundenen Energien frei.

Schon oft habe ich es in der biografischen Arbeit erlebt, dass dieser Schritt in Richtung Wahrhaftigkeit, das klare Ja und das klare Nein, das schlichte ehrliche Benennen, *wie* etwas empfunden wurde, zu großer Erleichterung führte und dadurch zu einer augenblicklichen Wende im Leben. Sich selbst gegenüber ehrlich zu sein, das Papier als Zeuge zu nehmen, kann zum Akt der Befreiung werden. Und sehr oft führt dies zum ersten Mal in Beziehungen oder Familien zu Aussprachen, die für Klärung und Verständigung sorgen, weil das damit verbundene Wenn und Aber wegfällt, die Vermutungen, die Projektionen, das vorgezogene Verzeihen, das in Wahrheit keines ist. Die bekennende, der eigenen Stimme vertrauende Aussage, mutig, offen, bei der eigenen Wahrnehmung bleibend, nicht wertend, nur beschreibend, sie eröffnet die Möglichkeit, zu einer ebensolchen Antwort.

Es ist wie mit den starken Geschichten, sie sind gut, wenn sie mit authentischer Stimme vom Erlebten und Erfahrenem zeugen, sie sind gut, weil sie erzählen, und nicht, weil sie erklären oder begründen. Liest man solche Bücher, hat man das Gefühl einer echten Begegnung, man kann dann mit dieser erzählten Welt in Kontakt treten, gewissermaßen das Gespräch eröffnen und in sich die Antwort bilden. Die Kraft des Erzählens und die Kraft des Geschichtenschreibens liegen darin, dem zu trauen, was gesagt werden will, was ans Licht der Welt will. Der Vorgang des »Sich ins Leben schreiben« kommt dem gleich, zunehmend tritt man an das Licht der Welt. Der »Urtext« erscheint gewissermaßen, jenseits der Zuschreibungen und Zurichtungen des Lebens.

Trägt man diesen Prozess der eigenen, inneren Klärung vom Schreibtisch hinaus in die Welt, indem man anfängt, sich in dem neuen Licht zu zeigen, muss man berücksichtigen, dass der andere darauf nicht gefasst ist. Unser Gegenüber braucht Zeit, uns in diesem neuen Licht zu sehen. Wir selbst haben uns diese Zeit ja auch genommen, den Mut wachsen zu lassen, um Klartext zu reden. Das klare Benennen der eigenen Wahrnehmung hat nichts mit Schuldzuweisung zu tun. Und doch kann es unsere Umwelt überraschen. Es ist gut, darauf vorbereitet zu sein.

Ich erinnere mich an einen Seminarteilnehmer, der aus einer prominenten Unternehmerfamilie stammte. So erfolgreich und einflussreich die Familie war, er litt an dem Gefühl, nie wirklich gesehen worden zu sein. Sein Empfinden glich dem einer Schablone, auf der mal das Wort »Unternehmersohn« stand, ein andermal »Nachfolger« oder »Erbe«. Auch als er längst erwachsen war, stellte sich regelmäßig dieses aus der Kindheit und Jugend stammende Gefühl wieder ein, nie wirklich gesehen zu werden. Bis er beschloss, sich selbst zu besehen und seine Lebensgeschichte aufzuschreiben. Das war der Beginn eines Entfaltungsprozesses: Er schrieb nicht die Geschichte seiner Familie fort, sondern sich selbst ins Leben ein. Die Familie informierte er darüber, er schreibe an einem Buch über sein Leben. Niemand hatte etwas dagegen.

Als das Buch tatsächlich erschien, kam es zu einem Eklat. Mit dem, was dort geschrieben stand, wollte die Familie nichts zu tun haben, sie schlossen sich zusammen, drohten mit einem Prozess und damit, das Buch verbieten zu lassen. Dabei hatte er niemanden angeklagt, nichts schlechtgemacht, auch hatte er keine Vorwürfe erhoben, er hatte lediglich seine Sicht der Dinge aufgeschrieben, sein Erleben, versucht, seine Wahrheit zu formulieren.

Wenn ich von diesem Beispiel in einem Seminar erzähle, erheben sich sofort Stimmen, die sagen: »Siehst du, das ist das Ergebnis, davor habe ich Angst, besser ist doch, man behält seine Ansichten für sich.«

Ich habe aber das Ende der Geschichte noch nicht erzählt. Das Buch hatte ja nicht nur bei der Familie zu Reaktionen geführt, sondern auch im weiteren Umfeld und bei den Lesern. Sein Autor bekam viele Zuschriften, in denen ihm Verständnis entgegengebracht wurde. Menschen, die ihn persönlich gar nicht kannten, tauschten Erfahrungen mit ihm aus. Um das Gefühl zu haben, nicht wirklich wahrgenommen zu werden, muss man schließlich nicht in eine Unternehmerfamilie hineingeboren sein. Ehemalige Freunde wollten sich mit ihm aussprechen, manche kündigten den Kontakt auf, dafür kamen neue Bekanntschaften hinzu, Menschen, von denen er gesehen wurde, weil er sich gezeigt hatte.

Das war aber noch nicht alles. Nach einigen Wochen schlug die Familie ein Treffen vor. Schon beim ersten Zusammenkommen wurde beschlossen, einen Mediator hinzuzuziehen, der ihnen in der Folge half, die Wunden zu heilen. Denn auch die anderen Familienmitglieder hatten Verletzungen, jetzt wagten sie vorsichtig, vorsichtig, davon zu sprechen.

Auch ich selbst habe diese Reaktionen mit meinem ersten Roman erlebt.

»Die liebe Angst« war eines der allerersten Bücher, in dem vom sexuellen Missbrauch erzählt wurde. Wie ich es zu schreiben hatte, damit man sich als Leser mit diesem schwierigen Thema wirklich auseinandersetzen konnte, wusste ich von Beginn an: Erzählen, ohne anzuklagen, erzählen und nicht erklären. Ich ließ das Kind sprechen, das ich einst war. Und zwar so, wie Kinder eben sprechen und erleben, da reiht sich eins ans andere, ohne Kommentar. Da geht es vom Keller, in den einen der Vater zieht, gleich darauf in die Küche zum Plätzchenbacken, und von der Angst vor dem nächsten Mal zum Abenteuerspiel auf den nahen Hausberg.

Die Reaktionen auf dieses Buch waren überwältigend, ich habe Hunderte von Lesungen absolviert, eine Kampagne mit Angela Merkel begleitet, ich bekam Aktenordner voller Leserpost und war von dieser Resonanz selbst überwältigt. Und meine Familie? Wie oft wurde ich schon danach gefragt …

Hier ist die Antwort:

Es war schwer!

Auch ich hatte das Buch angekündigt, keine Autobiografie, ein Roman sollte es werden. Doch als dieser vorlag, war es für alle ein Schock. Woher ich damals das Vertrauen hatte, das Richtige zu tun? Ich war konsequent meiner inneren Stimme gefolgt. Ich wollte erzählen, wie es ist, wenn ein Kind, das gerne Kind sein möchte, eben dies nicht sein kann. Ich wollte begreifbar machen, was Missbrauch wirklich bedeutet. Das konnte nicht falsch sein.

Vielleicht können Sie erahnen, wer mich in diesem Vorhaben unterstützte? Es war Krystyna, jene mutige, sich dem Leben in allen Lagen stellende Frau, die sich nach ihrer Flucht aus dem Ghetto dem Widerstand anschloss, verhaftet und deportiert wurde, das Lager Auschwitz überlebte und sich später im Leben ausgerechnet in Thomas Harlan, den Sohn des Nazifilmregisseurs Veit Harlan, verliebte. »Mach es!«, riet sie mir zu. »Schreib es auf, ohne eine einzige Klage, nur so hat es die richtige Wirkung.« Genau so hat auch sie selbst ihre Bücher über das Lager und das Ghetto geschrieben.

Ich könnte zig Seiten darüber füllen, womöglich ein gesamtes Buch, wollte ich niederschreiben, was alles in der Folge in unserer Familie geschah. Rückblickend gibt es dafür nur ein Wort: Heilung.

Heilung kann man nicht machen, sie geschieht. Doch indem man wahrhaftig wird und sich ebenso zeigt, lädt man sie ein. In meinem Fall brauchte es Jahre, und es hat nicht nur mich, sondern uns alle verändert. Aber ich will Ihnen nichts vormachen, auch in meiner Familie gab es jemanden, der sich abwandte.

Sich im klaren Licht zu zeigen, bedeutet auch, klar gesehen zu werden. Und nicht alle Menschen schauen gern ins Licht. Damit müssen Sie rechnen.

Und doch ist es der einzige Weg, sich seine Geschichte zu eigen zu machen und sie dadurch gestalten zu können. Und es ist der einzige Weg, mit der Welt in echten Kontakt treten zu können. Mit der Welt, die hinter einem liegt, und mit der, die vor einem liegt. Die Übung der Eindeutigkeit, das klare Ja, das klare Nein hilft dabei.

Und kriegen Sie keinen Schrecken, nicht immer muss »sich

zeigen« so fordernd sein wie in den vorigen Beispielen. Vielleicht zeigen Sie sich ja, indem Sie Ihren Talenten endlich wieder Raum geben. Und was sagen die anderen dazu? »So kenne ich dich ja gar nicht …«

Je klarer Sie werden, desto klarer werden Sie auch gesehen – die einzige Art, Licht ins Leben zu bringen. Ihr Verhältnis zur Welt hört auf, ein Vorwurf zu sein, es wird stattdessen zum Gespräch. Und da Sie immer klarer werden, werden es die Antworten auch. Der überflüssige Ballast des Erwägens und Lamentierens fällt ab, Sie ahnen nicht, welche Energien das freisetzt. Genau jene Kräfte, mit denen Sie gestalterisch tätig werden können. Ihr Leben, Ihr Umfeld, Ihre Arbeit, alles wartet darauf.

Impuls

Gehen Sie an Ihren Schreibort, nehmen Sie sich ausreichend ungestörte Zeit und spüren Sie – so gut Sie irgend können – in diese Situation hinein: Sie sitzen auf einer Anhöhe, haben alles Wichtige gesagt und erledigt, über Ihnen der Himmel, um Sie herum das Leben und unter Ihnen breitet sich die Ebene aus. Es ist ein Tag, an dem die Welt wie gewaschen aussieht. Sie können weit schauen, egal, wohin Sie sich wenden. Und in Ihrem Körper stellt sich ebenfalls dieses Gefühl ein von Klarheit, Leichtigkeit, Gelöstsein.

Die Basis dieses Gefühls ist die grundlegende Akzeptanz, jenes »Es ist, wie es ist«. Die Basis ist die Gegenwart, das Jetzt. Von ihm aus sehen Sie klar hinter sich und klar vor sich, die Vergangenheit und die Zukunft und Sie sehen sich in der Mitte und Sie spüren sich, die Person, die Sie in diesem Augenblick, hier und jetzt, sind.

Und nun schreiben Sie einen Text, **30 Minuten** konzentriert:

»Meine Wahrheit zeigen – meine Wahrheit leben«

Erster Gedanke, bester Gedanke, schreiben Sie, was Ihnen dazu einfällt, und versuchen Sie dabei, präsent zu bleiben, sich selbst im eigenen Körper wahrzunehmen. Sie schreiben jetzt und Sie erkennen es jetzt. Und es tut so gut, das klare Sehen, das klare Sein, zu zeigen, wer man wirklich ist.

Der sichere Ort

»Nichts Schöneres unter der Sonne, als unter der Sonne zu sein.«

Ich sitze selbst am Wiesenrand, es ist Hochsommer geworden, am Himmel zieht ein Flugzeug vorbei, teilt das große Blau mit einem weißen Strich und ich schau zu, wie er sich auflöst. Und wenn dort noch so viele Flugzeuge fliegen, der Himmel ist immer ungetrennt, denke ich. Ingeborg Bachmanns Gedicht »An die Sonne«[7] fällt mir ein, welch ein Ausruf der Lebensfreude. Welch grandiose und zugleich so einfache Formulierung bedingungslosen Glücks – und das von einer Frau, die so oft unglücklich war. Die uns in ihrer Dichtung so viel gegeben hat und sich mit ihr gezeigt hat, dem Leben ausgesetzt hat. Doch gehören Leid, Trauer und Schmerz nicht genauso zur Lebensfreude wie das Glück, die Liebe, die Lust und der Erfolg? Ich mag das Wort Lebensfreude, man hört es nur noch selten, mir scheint, dass es nichts ausgrenzt, wie auch, gehört doch zum lebendig sein alles hinzu.

Wie wäre es mit dem Satz:

Nichts Schöneres am Leben, als am Leben zu sein!

Über mir spielen die lichtgrünen Blätter einer Sommerlinde im Wind. Alles ist leicht und luftig, für alles ist Raum da, die Natur macht die Arme auf für uns, macht sie das nicht immer? Wer zieht eigentlich die Grenzen zwischen uns und dem anderen, zwischen uns, unserem Inneren und dem Außen? Machen wir das nicht ständig selbst?

Wie herrlich es ist, solchen Gedanken nachzusinnen, nachzuspüren, ihnen Raum in mir zu geben, ihnen zu erlauben, sich in mir zu entfalten. In der Ferne höre ich Kinderlachen und irgendwo bellt ein Hund.

Als Kind habe ich es geliebt, ins Korn zu gehen und dort – was verboten war –, den »Mond zu machen«: hinlegen, mit den Armen Kreise ziehen, so lang, bis die Ähren flach sind, und dabei in den Himmel schauen, nur das, sonst nichts. An diesem Ort im Feld war ich frei und zugleich geborgen. Hier konnte mir nichts geschehen. Es war mein Kraftort, und das Gefühl, das sich dort in mich eingrub – es war mehr als ein Gefühl, es war ein Gespür –, trug mich durch all das, was mir geschah, wenn ich wieder aufstand. Und es geschah vieles, das nicht gut war.

Dieser äußere Ort wurde zugleich zu einem inneren und wenn ich mich an diesen inneren Ort zurückzog, konnte ich auf das Äußere anders reagieren. Als Kind geschah dies wahrscheinlich eher intuitiv. Später lernte ich, damit zu arbeiten. Je mehr ich meinen Weg der Selbstentfaltung ging, mich ins Leben schrieb, je mehr mein Eigentliches hervortrat und ich mich zeigte, desto wichtiger wurde dieser Ort für mich. Er ist mehr als ein Schutzraum.

In meinen Seminaren gebe ich oft einen Schreibimpuls, den ich »die Gewitterübung« nenne. Ich lege eine CD mit den Geräuschen eines herannahenden Sommergewitters auf: aufkommender Wind, lauter werdender Donner, knisternde, krachende Einschläge und einsetzender Regen. An die Tafel schreibe ich lediglich drei Wörter: Liebe, Schutz, Geborgenheit. Und dann fordere ich auf, zu schreiben, was einem einfällt.

Die meisten Teilnehmer gehen zurück an einen Ort in der Kindheit, an dem sie sich sicher fühlten. Sie erinnern sich, wie Mutter bei Gewitter eine Kerze anzündete oder wie vorgelesen wurde oder wie sie unter der Bettdecke verschwanden und selig einschliefen. Bei anderen, älteren Teilnehmern löste diese CD jedoch mehrmals andere Assoziationen aus. Angehörige der sogenannten Kriegskindergeneration hörten kein Gewitter, sondern Flugzeuge, und fühlten sich zurückversetzt in die Zeiten des ständigen Alarms und der Bombardierung.

»Wo waren da Geborgenheit und Schutz?«, wurde ich mit ängstlicher Miene gefragt. War das nicht der Beweis, dass sie keinen hatten? Ich machte dennoch Mut zu schreiben, der Spur zu folgen, und siehe da, es entstanden Texte über den sicheren Ort in Zeiten des Krieges, nicht selten rührten diese beim Vorlesen zu Tränen, immer aber führten sie, wenn sie erst einmal geschrieben waren, zu einer Art Erlösung, die wir alle einem nunmehr leuchtenden Gesicht ablesen konnten. Es gab tatsächlich inmitten von Tod und Niedergang einen sicheren Ort. Szenen aus dem Bunker, in dem eine fremde Frau das einsame Kind wärmte, in dem jemand plötzlich Gedichte hersagte, Brot teilte, eine Kerze anzündete oder ein Lied summte.

Nie werde ich die Teilnehmerin vergessen, die vorlas, wie sie als kleines Mädchen, fünf mag sie gewesen sein, wieder und wieder in den Keller musste, wie Hitze und Staub von außen eindrangen, die Pappen gegen das Kellerfenster gepresst wurden, wie die Tür manchmal aufging und Verwundete hereinstürzten, neben ihr saß der Nachbar, über den alle immer erzählt hatten, er sei ein bisschen seltsam. Er holte ein Buch heraus, das reich bebildert war, nahm sie an die Seite und las ihr mit sanfter Stimme daraus vor. Die Frau konnte sich nicht mehr erinnern, was für ein Buch es war, nur noch die sanfte Stimme war präsent, die prächtigen Bilder.

Später gebe ich eine andere Übung vor, sie heißt »Der Ort der Freiheit«. Ich fordere die Teilnehmer auf, zurück in die Kindheit zu gehen, an einen Ort, an dem sie sich durch und durch frei fühlten. Auch hier sagen dann einige: »Den hatte ich nicht, meine Kindheit war einfach nur schrecklich«, aber noch nie hat jemand nicht dazu geschrieben und ihn nicht doch gefunden, den Ort der Freiheit, den wir alle in uns tragen und deshalb auch außerhalb unserer selbst finden können. Manchmal war das Bett dieser Ort, manchmal war er unter dem Küchentisch oder in dem Versteck, das man sich gebaut hatte, manchmal war es unten am Bach, manchmal oben unter dem Dachboden. Und vielleicht erahnen Sie es bereits: In unserer Erinnerung ist der Ort der Freiheit sehr oft derselbe wie der Ort der Sicherheit. Denn Sicherheit und Freiheit sind eins. Menschen, die sich ihre Freiheit erkaufen wollen, indem sie sich immer mehr absichern, hohe Zäune um ihre Anwesen errichten lassen, um darinnen vermeintlich frei zu leben, sind nicht frei, sie verschaffen sich nur Freiräume. Und eine Sicherheit, die die Freiheit beschneidet, ist keine Sicherheit. Wir wissen das, wir richten uns nur selten danach. Aber in uns kennen wir alle diesen Ort sehr genau. Dieser Ort ist nur im Augenblick zu erreichen, im Zustand des Jetzt. Erreichen wir ihn aber, dann dehnt er sich aus wie der Himmel über uns, wenn wir im Feld liegen. Dieser Ort kennt keine Zeit. Wir sind zeitlos im Augenblick und wir sind frei und sicher, wir sind wir selbst. Es ist der Sommerort unseres Lebens. Wir müssen uns nicht rüsten, nicht dick anziehen, wir brauchen keinen Proviant, wir gehen einfach an diesen Ort und setzen uns hin und genießen es, am Leben zu sein. Nichts Schöneres am Leben, als am Leben zu sein.

Und die Dame, die als Kind im Bunker saß? Auch bei ihr war es so, auch sie beschrieb genau diesen Ort als Ort der Freiheit, obwohl doch draußen der Schrecken des Krieges drohte. Aber das Kind, es war dort, wo es war, im Jetzt, im Augenblick. Wären die Gedanken auch nur für einen Moment nach draußen gewandert, wie hätte es sich sicher fühlen können? »Spüren Sie diesen Ort jetzt in sich?«, fragte ich sie. »Ja«, war ihre Antwort, »ich spüre ihn«, und sie weinte Tränen des Glücks dabei. »Und der Krieg?«, fragte ich. »Der war auch da, der war schrecklich.« »Und wenn Sie diesen Ort in sich spüren, wie denken Sie dann über den Krieg?« Sie sagte: »So absurd es ist, der Krieg hat mich die Schönheit gelehrt.« »Und wenn Sie jetzt auf Ihr gesamtes Leben schauen, welche Rolle nimmt dann diese Zeit des Krieges ein?« Sie schaute mich mit großen Augen an und schwieg. Später schrieb sie mir, dass sie nach dem Seminar kaum noch vom Krieg geträumt hätte, dabei hatten sie die Träume davor fast jede Nacht heimgesucht. Sogar ihre Atmung sei leichter geworden, sie fühle sich immer öfter frei, schrieb sie.

Nichts wurde hier geleugnet, allein, es wurde der Ort der Sicherheit und der Freiheit entdeckt. Er liegt in uns und wir können ihn aufsuchen, jederzeit und überall.

Wenn Sie ihn in sich wachrufen, können Sie lernen, sich in diesen Ort hinein zu entspannen, wann immer Sie es brauchen.

Es ist der Sommerort der Seele, luftig, leicht, frei.

Impuls

Nehmen Sie wieder Ihre Schreibsachen hervor und gehen Sie an einen Ort, der Ihnen guttut, an dem Sie geschützt und ungestört sind. Vielleicht ist das Ihr Schreibtisch, vielleicht heute das Sofa oder Ihr Platz auf dem Balkon. Sie sollten sich dort frei fühlen und unbeobachtet.

Ihr Thema lautet:

»Der Ort der Freiheit, der Ort der Sicherheit«

Aber dieses Mal fangen Sie nicht gleich an zu schreiben. Dieses Mal schließen Sie für einen Moment die Augen und spüren in sich hinein. Das geht am leichtesten, wenn man zunächst einmal drei tiefe Atemzüge nimmt und eine Weile auf den Atemfluss achtet und beobachtet, wie sich dabei der Atem beruhigt. Wie Ein- und Ausatmung fließen, immer gleich und doch immer anders, jeder Atemzug ist einzigartig. Der Körper entspannt sich dabei und Sie lenken Ihre Aufmerksamkeit in die Region des Brustraums, in die Herzregion. Auch hier strömt der Atem, weitet uns und sammelt sich wieder, ein Gefühl der Ausdehnung entsteht.

Und jetzt rufen Sie in Ihrem Herzen ein Bild des Ortes in sich wach, an dem Sie sich unumwunden und ausnahmslos gut fühlen, an dem Sie sich geliebt, anerkannt, sicher wissen und gleichzeitig das Gefühl haben, dass Ihnen die Welt zu Füßen liegt. Dass alles, aber auch wirklich alles Gute für Sie möglich ist. Vertrauen Sie den Bildern, die in Ihnen aufsteigen. Wenn Sie denken, dass dieser Raum für Sie nie real existierte, lassen Sie jetzt Ihren inneren Ort erscheinen. Er wird sich zeigen. Wir alle tragen Bilder in uns für die Zustände, in denen es uns richtig gut geht.

Gehen Sie dorthin, wo Sie als Kind schon waren, als Sie noch wussten, dass man die Welt erobern kann, ja, die ganze Welt, und zwar ohne einem anderen wehzutun.

Wie fühlt es sich an, welches Körpergefühl entwickeln Sie dabei, werden Sie leichter bei diesen Gedanken? Spüren Sie die frische Luft in Ihren Zellen? Welchen Geschmack hat die Freiheit, welchen Duft, welches Licht? Wie fühlt sich die Sicherheit an, die Sicherheit, dass einem – egal, was geschieht –nichts geschehen kann. Dieser Ort des Angekommenseins, der Heimat in uns, an dem es draußen toben, krachen und der Blitz einschlagen kann und an dem wir uns aufgehoben wissen? Denken Sie daran, dass wir Teil der Schöpfung sind, Teil des Universums. Aus dem Universum kann man nicht herausfallen, tief innen sind wir unzerstörbar, weil wir nicht »am« Leben sind, sondern »das« Leben sind.

Wie fühlt es sich an, wirklich sicher zu sein, nicht nur abgesichert? Ist Sicherheit zugleich Offenheit für alles, was kommt?

Öffnen Sie Ihre Augen wieder und jetzt schreiben Sie:

»Der Ort der Freiheit, der Ort der Sicherheit«

Schreiben Sie, solang Sie mögen, was Ihnen in Kopf und Herz kommt. Lassen Sie ihn auferstehen, Ihren Sommerort der Seele. Rufen Sie die Erinnerung wach oder beschreiben Sie das imaginierte Bild. Es ist Ihr Kraftort, lassen Sie ihn als Text, in Worten, durch Ihre eigene Sprache entstehen.

Dies hier ist keine beliebige Übung! Bei uns selbst ankommen, unsere Gaben entfalten, können wir nur, wenn wir in uns diesen Ort kennen, an dem wir bereits angekommen sind. Es ist der Kraftort der Seele, der uns hilft, das, was uns im Inneren trägt, im Äußeren in Erscheinung zu bringen. Es ist Ihre Heimat, die Sie jetzt beschreiben, zugleich Ort der Freiheit, Ort der Sicherheit. Sie werden sich selbst Heimat, je öfter Sie ihn wachrufen.

Der große Umschwung

Eine Frau kam in eines meiner Seminare, Ende 30, attraktiv, gut gekleidet, klare, kräftige Stimme, sie wirkte äußerst entschlossen. Bei der Vorstellungsrunde öffnete sie ihre Aktentasche, holte Kladde und Laptop heraus und formulierte ihr Anliegen an das Seminar. Sie wolle den roten Faden in ihrem Leben finden, und wenn sie ihn habe, ihr Leben neu gestalten. Einige Wochen zuvor war sie nach einem schweren Burnout aus der Reha-Klinik entlassen worden. Ihren Job hatte sie gekündigt. Sie habe bereits eine vage Vorstellung, jetzt irgendetwas Soziales machen zu wollen, verkündete sie, und nun fehle ihr nur noch der rote Faden, um herauszufinden, was das genau sei. Sie erwarte, ihn in dieser Woche zu finden, schließlich sei mein Seminar so ausgeschrieben.

Ich muss zugeben, ich war erschrocken, noch nie hatte mir jemand derart explizit sein Anliegen samt hart eingeforderter Erfolgserwartung vorgetragen. Ich fühlte mich unter Druck gesetzt, Ergebnisse zu erbringen, und es brauchte schon ein wenig innere Arbeit meinerseits, mich nicht beirren zu lassen, sondern weiterhin auf den organischen Entstehungsprozess zu vertrauen.

Julia, so möchte ich sie hier nennen, machte alle Übungen mit, schrieb, beteiligte sich an den Gesprächen, vergaß aber nie, daran zu erinnern, auf welche Lektion sie warte und weshalb sie noch nicht zufrieden sei. Alle konnten sehen, dass es ihr nicht gut ging, doch sie war sehr diszipliniert, bemühte sich, sich heiter zu geben. Natürlich waren da auch noch die Geschichten der anderen: Der Verlust eines Kindes, die Sehnsucht nach einem Partner, die Erinnerungen an den Krieg, die Arbeitslosigkeit, die Missachtung durch die Arbeitgeberin, die hoffnungsfrohe Neuorientierung, die Lust, sich noch einmal zu verändern ... Alle hatten Sehnsucht nach Heilung und Erlösung, nach Verwirklichung, die sie mit ihr teilten.

Am vierten Tag kam Julia auf mich zugeschossen, ich saß noch nicht einmal auf meinem Stuhl, und verkündete, sie habe ihren roten Faden entdeckt. Ich war erstaunt, wieder ein wenig überrumpelt, aber sehr gespannt, was mir und den anderen nun offenbart werden sollte. Sie wisse es nun, sie habe alles aufgeschrieben, ihr roter Faden bestehe aus zwei Wörtern: Kampf und Betrug. Immer habe sie kämpfen müssen, ihr ganzes Leben lang, nie sei ihr irgendetwas geschenkt worden, für alles habe sie hart arbeiten müssen. Und auch der Betrug zöge sich durch ihr Leben. Ihr Vater sei nicht der leibliche Vater, das habe sie erst im Alter von 21 Jahren erfahren, ihre Schwester sei somit nicht ihre richtige Schwester, im Studium habe jemand ihre Diplomarbeit geklaut und in der Liebe sei es auch nicht besser, ihr Mann sei fremdgegangen, nachdem sie mit ihren Mitteln das gemeinsame Haus gebaut hatten. Also, das sei es, das mache ihr Leben aus, Betrug und Kampf.

Während die anderen Seminarteilnehmer sich bereits im Kreis gesetzt hatten, standen wir zwei uns darin gegenüber wie in einer Arena. Was sie erkannt hatte warf sie mir geradezu triumphierend hin: Sie war eine Betrogene, das Leben hatte sie betrogen.

Ich sagte: »Nein.«

»Doch«, verteidigte sie sich vehement. »Das ist mein roter Faden, Betrug und Kampf.«

Ich antwortete: »Nein, das Gegenteil ist der Fall. Betrug und Kampf sind die Aufgaben, die du im Leben gestellt bekommen hast, um deinen roten Faden zu entdecken. Der rote Faden ist die Sehnsuchtsspur, der wir folgen. Dein roter Faden«, sagte ich, »ist Vertrauen und Selbstliebe, die du in dir selbst finden sollst und nicht von anderen als zu erbringende Leistung erwarten darfst.«

Schockstarre, ich sehe sie noch immer vor mir stehen, die braunen Haare, der strenge Zopf, die weit aufgerissenen Augen, sie antwortete nicht, setzte sich und nahm still an der Runde teil. Wir sprachen über die Umsetzung der jeweiligen Lebensziele und was es dabei zu beachten galt und warum die Erwartung des Glücks bisweilen Furchtsamkeit erzeugen kann und es deshalb ratsam ist, sich alles vorab vorzustellen. Am nächsten Morgen wirkte Julia immer noch sehr ruhig, aber etwas entspannter. Neben ihr saß eine Frau im etwa selben Alter, deren Vision es war, ein Schulungszentrum für Frauen aus Flüchtlingsgebieten aufzubauen, in dem sie ihnen Grundlagen der Kommunikationstechnik beibringen wollte. Sie hatte bereits detaillierte Vorstellungen, wusste nur nicht, wie sie das alles finanzieren sollte. Sie wurde aber immer sicherer, dass dies genau das war, was jetzt in ihrem Leben anstand. Julia schaute zum ersten Mal mit wachen Augen neben sich. In der Mittagspause gingen die beiden spazieren, am Abend saßen sie nebeneinander am Tisch, am Tag darauf hatten sie sich ihr ganzes Leben erzählt. Die beiden sind inzwischen ein Paar. Julia hatte heimlich schon immer das Gefühl gehabt, sich eher zu Frauen hingezogen zu fühlen. Ihr Wissen sinnstiftender einzubringen, war ihr größter Wunsch. Kapital aufzutreiben, was anderen extrem schwierig erscheinen mag, war eine Art Sport für sie. Das Wichtigste aber war, dass sie eine andere Sicht auf ihr Leben einnehmen konnte, auf ihre Eltern und deren Leistung und deren Liebe zu ihr, auf den Exmann, dem sie nun nicht mehr zürnte. Und das Wissen, das sie sich auf ihrer Arbeitsstelle angeeignet hatte, konnte sie jetzt unumwunden wertschätzen, aber ihren eigenen inneren Werten gemäß adäquater einsetzen. Julia hatte die Waffen niedergelegt, sie hatte den Kampf beendet.

Der große Umschwung im Leben findet statt, wenn man entdeckt, dass die Aufgaben, die einem das Leben entgegenbringt, nicht die eigene Geschichte sind. Sie prägen und sie formen unsere Geschichte, sie sind die Tätowierungen, wie es der Philosoph Peter Sloterdijk einmal genannt hat, die das Leben in uns einzeichnet, der roten Faden sind sie nicht.

Der rote Faden ist die uns eingravierte Spur der Sehnsucht, der wir auf dem Weg der Entfaltung folgen, nichts anderes. Es gibt Muster im Leben, die immer wieder auftauchen, und leicht sieht man sie als den roten Faden an, als durchgehendes Lebensmotiv: »Ah, da ist es wieder, das Gefühl, benutzt zu werden«. Oder: »Jedes Mal, wenn ich etwas Gutes vorhabe, werde ich krank.« Oder: »Immer werden andere mir vorgezogen.« Es liegt nah, solche Muster als durchgehendes Lebensthema auszumachen, und das sind sie auch, und zwar so lange, bis wir die Aufgabe, die sich darin verbirgt, entdecken: Uns nicht benutzen zu lassen, also die eigene Urteilskraft und Entscheidungsfähigkeit auszuprägen; unseren Körper wertzuschätzen und zwar durchgehend, sich selbst an erste Stelle zu setzen und aufzuhören, sich ständig mit anderen zu vergleichen.

Den roten Faden im Leben können wir erst entdecken, wenn wir nicht mehr gegen das Leben kämpfen. Julia im obigen Beispiel hatte damit aufgehört. Ihr so stolz erkanntes durchgehendes Lebensmotiv, Betrug und Kampf, hatte sich in diesem Moment aufgelöst. Die Ereignisse in unserem Leben sind Hinweise auf das, was unser Leben eigentlich ausmacht, Hinweise auf unser mitgegebenes und in diesem Leben zu verwirklichendes Vermögen, Hinweise auf unsere Gabe, die wir entfalten sollen. Im Fall von Julia waren es Vertrauen, Selbstvertrauen und Offenheit dafür, die Geschenke, die ihr geboten wurden, zu entdecken, anstatt permanent Forderungen zu stellen.

Was sich leicht hinschreiben lässt, ist nicht unbedingt leicht zu begreifen bzw. zu leben.

»Leben ist Kampf, wer erfolgreich sein will, muss sich durchsetzen«, ich selbst habe lang gebraucht, um zu verstehen, dass mir dieser Glaubenssatz ab einem bestimmten Punkt einfach nicht mehr diente, dass er mich in eine gefährliche Sackgasse führte, an deren Ende ich genau dort wieder ankam, von wo ich doch weggehen wollte.

Ich wollte mich nämlich auch durchsetzen, ich wollte erfolgreich sein und wie, davon hatte ich genaue Vorstellungen: Ich wollte Schriftstellerin werden, nein, das ist untertrieben, ich wollte eine berühmte Schriftstellerin werden. Und nicht mit irgendwelchen unterhaltsamen Büchern, sondern mit gewichtigen, mit aufrüttelnden Themen und Texten.

In der Folge habe ich auch genau das gemacht, ich habe meine Themen in die Welt gebracht und ich bin noch heute recht zufrieden mit den Ergebnissen. Allein, ab einem bestimmten Punkt ging es nicht weiter. Zum einen hörte ich nicht auf, mir sehr genau vorzustellen, wie dieses Berühmtsein auszusehen hätte, mir fehlte also die so wichtige Eigenschaft der Offenheit, vor allem aber traten meine exakten Vorstellungen nicht ein. Folglich dachte ich, damit sie sich erfüllen, müsse ich härter kämpfen, immer weiter und immer mehr. Und auch daran war etwas Gutes, denn manchmal muss man mehr tun, um noch mehr zu erreichen. Allerdings kam ich im Erreichen nie an und das führte wiederum dazu, dass ich das, was ich schon erreicht hatte, nicht richtig einschätzen konnte bzw. manchmal überhaupt nicht schätzte. Meinen Traum hatte ich dabei schon fast aus den Augen verloren, denn einen Großteil nahm ja der Kampf ein. Gut gefühlt habe ich mich damit nicht und Schuld an allem waren die anderen, die mir nicht gaben, oder nicht ausreichend gaben, wonach ich verlangte.

Ich glaube, Ähnliches kennen wir alle. Mit Selbstentfaltung, mit dem Wunsch, den eigenen Ausdruck im Leben zu finden, zu wachsen, ein freier Mensch zu werden, hat das nur noch wenig zu tun. Das Schlimmste für mich: Es nahm mir die kreative Kraft und die Freude am Schreiben, es nahm mir genau das, wofür ich viele Risiken eingegangen war. Schreiben war eine Last geworden, harte Arbeit, verbunden mit hohen Anforderungen.

Ich weiß, es gibt Menschen, die sehr lange aus dem Kampf ihre Kraft ziehen können, Widerstand fordert sie erst richtig heraus. Nicht wenige davon sind Künstler. Überzeugt hat mich noch keiner von ihnen. Ihre Verbissenheit macht sie in der Regel eng und ich behaupte, dass man das sowohl der Person als auch dem jeweiligen Werk anmerkt. Da wir in unserer auf Leistung ausgerichteten Gesellschaft Erfolg zumeist nur recht eindimensional wahrnehmen und beurteilen, kann dies allerdings lang verborgen bleiben.

Mein damaliges Verhalten trennte mich letztlich von den anderen, von den Menschen, mehr noch: von der Welt, vom Leben selbst und sogar von mir. Das war ich nicht, ich erkannte mich in dem, was man den Kulturbetrieb nennt, oftmals nicht wieder und es dauerte lange, bis ich merkte, dass dies doch überwiegend an mir selbst lag. Ich hatte mich auf Regeln eingelassen, an die ich nicht glaubte, die ich aber selbst befolgte. Zunehmend wurde mir das bewusst, es war ein schmerzhafter Prozess, ich musste mir irgendwann eingestehen, dass ich selbst von Anfang an auf

Kampf und Widerstand eingestellt gewesen war. Aber anders mit den eigenen Wünschen umzugehen, liebevoller, musste möglich sein. Schriftstellerin werden zu wollen war doch kein vermessener Wunsch. Ich wollte doch nur das, was mir Spaß machte und meine Gabe zu sein schien, in die Welt bringen. Wieso musste ich deshalb kämpfen? Und was, wenn ich an Kampf einfach nicht mehr denken würde? Wenn ich stattdessen annehmen würde, dass das Leben mir hilft, sobald ich verwirklichen möchte, was ich wünsche?

Julia aus dem Eingangsbeispiel sehr ähnlich, gingen mir bei diesen Fragen plötzlich die Augen auf und ich sah alles in einem neuen, frischen Licht: Was wäre, wenn ich das Leben von vornherein nicht mehr als Kampf definiere, wenn ich, um noch einmal die Begriffe der Heldenreise aufzunehmen, den Drachen nicht töten muss, um daran zu wachsen, sondern mir die Erlaubnis zu wachsen schon vor dem Kampf gebe, bzw. den Kampf gar nicht abwarten und schon gar nicht aufnehmen muss? Was wäre, wenn ich stattdessen sagen kann: Alles, was mir geschieht, unterstützt mich.

Das war für mich der große Umschwung und das ist der große Umschwung:

Alles, was mir geschieht, unterstützt mich im Werden.

Denn schauen wir uns an, wie Wachstum vonstatten geht, wie der Entfaltungsprozess verläuft, wie Kunstwerke entstehen, so geht die Bewegung immer mit dem, was ist und nicht gegen das, was ist.

Auch hier: Zugegeben, es gibt viele Projekte, die ertrotzt, abgerungen, mit aller Kraft, ja Gewalt, realisiert werden. Mit dem, was uns in diesem Buch interessiert, hat dieses Vorgehen aber nichts zu tun, Entfaltung ist eben etwas anderes als die Durchsetzung bestimmter Eigeninteressen.

Mit den Bedingungen des Lebens zu gehen, darf man nicht mit Aufgeben oder Nachgeben verwechseln. Es bedeutet vielmehr, die Bedingungen des Lebens mit meinem eigenen Bedingtsein zu verbinden und so mit ihm zu arbeiten, mit ihm zu tanzen. Und das war das Eigentliche, was ich wollte, mit dem Leben tanzen, das Neue nicht aufzuzwingen und abringen, sondern es entstehen lassen. Letztlich bedeutet es, immer mehr zu realisieren, dass man selbst das Leben ist. Nichts Schöneres am Leben, als Leben zu sein.

Als ich verstand, dass Selbstentfaltung kein Kampf ist, hatte ich den roten Faden in der Hand. Ich entdeckte das Gelungene in meinem Leben, und indem ich es entdeckte, kam ich auf die Ebenen des Gelingens und verließ jene des Durchsetzens und Machens.

Was, wenn mich das Leben in Wahrheit ständig unterstützt? Mit dieser Frage endet die alte Heldenreise, wir betrachten das Leben nicht mehr als Feind und auch nicht als Freund, sondern als das Leben selbst. Die alten Geschichten dürfen endlich hinter uns liegen, es war gut, sie haben uns weit gebracht, aber als Muster dienen sie nicht mehr. Sie führten nur immer zu Wiederholungen, zu dem Gefühl, auf der Stelle zu treten. Der Sehnsucht, neu zu werden, »ins Offene« zu kommen, wie Hölderlin schrieb, der Verwirklichung dieser Sehnsucht helfen sie nicht.

Was wäre, wenn Sie die Welt, oder nennen Sie es das Leben, bei allem, was Sie tun, unterstützt? Damit ist nicht gemeint, dass die Welt all Ihre Wünsche erfüllt; damit ist gemeint, dass das Leben Sie mit offenen Armen empfängt. Es hält Aufgaben bereit und Aufgaben, wir erinnern uns, weisen auf unsere Gaben hin, die wir entfalten und zeigen sollten. Die Verwirklichung unserer Gaben wird so zum roten Faden, der sich durch unser Leben zieht.

Indem wir dem Leben entgegengehen, entfalten wir uns, nicht, indem wir gegen es angehen. Und dies ist übrigens auch nichts anderes als das Ende der Opfergeschichte, wir müssen nicht für alles, was wir erreichen wollen, große Opfer bringen und wir sind auch nicht Opfer des Geschehens.

Aber wie schön ist es, den Blick zu weiten, sich umzusehen und, so wie Julia zu entdecken, welch große Chance schon längst neben einem Platz genommen hat, und diese dann angstfrei ergreifen zu können und zu schauen, was daraus entstehen kann.

Impuls

Das war keine einfache Passage, nicht wahr? Der Gedanke, dass es sein könnte, dass uns alles unterstützt und unterstützen wird, ist ungewohnt. Und dennoch bitte ich Sie, nun mit ausreichend Zeit an Ihren Schreibplatz zu gehen. Bevor Sie etwas aufschreiben, schließen Sie bitte die Augen und suchen in sich jenen Ort auf, den Sie mit größter Freiheit und mit größter Sicherheit verbinden, Ihren Sommerort der Seele. Wer von diesem Ort aus handelt und weitergehen will auf dem Weg der Erkenntnis, der kämpft nicht. An diesem Ort wissen wir, dass wir uns entfalten sollen und dürfen, dass unsere Einzigartigkeit nicht im Widerspruch zur Welt, sondern im Einklang mit ihr steht. Dass wir verbunden mit allem und zugleich ein wunderschöner Solitär sind, dass wir leuchten dürfen. Also schreiben Sie jetzt den Satz:

»Was wäre, wenn mich alles, die ganze Welt, das gesamte Universum in Wahrheit ständig unterstützen?«

Wie wirkt dieser Satz auf Sie? Was fällt Ihnen dazu ein? Geben Sie ihm eine Chance, geben Sie ihm Raum. Vielleicht wollen Sie nur Gedanken aufschreiben, vielleicht fällt Ihnen ein bestimmter Bereich Ihres Lebens ein: Was wäre, wenn alles, genau so wie es jetzt ist, Sie in Ihrem Wachstum unterstützen will? Worin könnte diese Unterstützung bestehen?

Wenn alles, was Sie bisher erlebt haben, Sie auf Ihrem Bewusstseinsweg unterstützt hat, dorthin zu kommen, wo Sie jetzt sind – und Sie sind an einem sehr guten Ort – was heißt das dann in Bezug auf Ihr Leben?

Wenn wir ausgehend vom sicheren freien Ort in uns handeln lernen wollen, der egal, was uns geschieht, existiert, dann müssen wir lernen, dass die Welt uns mit offenen Armen erwartet und nicht mit einer Keule.

Nachdem Sie sich Notizen gemacht haben, nehmen Sie das Thema nach einer Pause erneut auf. Ihr Thema lautet:

»Den Kampf beenden – als das Leben offene Arme bekam«

Schreiben Sie nach dem Prinzip »Erster Gedanke, bester Gedanke«, nehmen Sie sich Zeit so viel Sie mögen und denken Sie daran, dass Sie auch in der dritten Person schreiben können.

Lassen Sie danach Ihren Text und Ihre Gedanken in sich nachschwingen. Dann nehmen Sie das Thema wieder auf, beginnen Sie mit den Worten:

»Was mir jetzt noch einfällt …«

Geben Sie der Veränderung in sich Raum und gestatten Sie sich einmal, dieses Gefühl auszukosten, vom Leben unterstützt zu sein.

Vom Wunsch zur Wirklichkeit

Haben Sie die Waffen zur Seite gelegt? Gut so. Ein bisschen ungläubig sind Sie wahrscheinlich noch immer, doch ich bitte Sie, zu überlegen, ob es irgendetwas gibt, das Sie richtig gut finden, das durch Kampf entstanden ist? Ein Haus? Ein Garten? Ihre Wohnungseinrichtung? Ein Bild? Ein Musikstück? Erinnern Sie sich, welch weltweiten Jubel die friedliche Revolution 1989 ausgelöst hat? Wäre auch nur ein Schuss gefallen, hätte die Sache ganz anders ausgesehen, und wer weiß, ob sie zur Wiedervereinigung Deutschlands geführt hätte …

Als ich in mein kleines Häuschen zog, bestand der Garten aus halbtoten Scheinzypressen, Kriechbambus und Efeu. Was ich wollte war aber ein Staudenbeet! Das ist bei dieser Ausgangslage fast so, also würden Sie einen See in der Wüste anlegen wollen. Und ich gebe zu, dass es Aspekte des Kampfes birgt, Bambus zu entfernen. Dennoch ist mein Garten nicht durch Kampf entstanden, sondern durch das Bild, das ich von ihm hatte, und durch die Erfahrung, die ich im Umgang mit der Erde und den Bedingungen rundherum sammelte. Wenn es auch ein zähes Ringen war, so ist um etwas zu ringen etwas völlig anderes als gegen etwas zu kämpfen, das man als Feind ansieht.

Erinnern Sie sich an das erste Kapitel dieses Buches?

Entstehung, selbst des Größten, das wir kennen, ist kein Kampf, vielmehr das sich Entfalten einer ungeheuren Energie. Den Weg der Selbstentfaltung gehen heißt zu lernen, sich die Qualität und die Dynamik dieser Energie nutzbar zu machen. Je weniger Widerstand wir in uns tragen, desto mehr Kraft wächst uns zu. Es ist jene Art von Kraft, die das erlaubt, was der Philosoph Jean Gebser »spielendes Gelingen«[8] nannte.

Brauchten unsere ersten Schritte auf dem Weg zu uns selbst noch viel Durchsetzungswillen, so werden sie jetzt zunehmend leichter. Die Freude am Wachsen selbst und das Wissen, dass wir alle leuchten wollen, tragen uns.

Wie geben wir unserer Entwicklung jetzt die Richtung, in die es uns zieht, ohne einen Kampf anzuzetteln?

Wir machen das, wozu uns die Sterne, genauer gesagt ihr Staub, immer wieder auffordern: Wir wünschen. Wir halten die »Wunschstangen« hoch, wie es Rainer Maria Rilke angesichts der Augustnächte mit ihrem Sternschnuppenregen einst formulierte. Jede Sternschnuppe – heißt es – erfüllt einen Wunsch, wohlan, warum dann nicht wünschen?

»Wünsche sind die Erinnerungen, die aus der Zukunft kommen«[9], so schrieb der Dichter Rainer Maria Rilke an seine Freundin Lou Albert-Lasard. Was den Wunsch aufkommen lässt, kommt aus dem Reich des zu Entstehenden, aus dem Zukünftigen, aus dem, das sich durch uns in die Welt entfalten will. Und das in gewisser Hinsicht schon da ist, es muss nur noch umgesetzt werden.

Ausführlicher als Rilke hat es Goethe in seiner Autobiografie »Dichtung und Wahrheit« formuliert: »Unsere Wünsche sind Vorgefühle der Fähigkeiten, die in uns liegen, Vorboten desjenigen, was wir zu leisten imstande sein werden. Was wir können und möchten, stellt sich unserer Einbildungskraft außer uns und in der Zukunft dar; wir fühlen eine Sehnsucht nach dem, was wir schon im Stillen besitzen. So verwandelt ein leidenschaftliches Vorausgreifen das wahrhaft Mögliche in ein erträumtes Wirkliches.«[10]

Dass dies so ist, können Sie selbst ausprobieren. Wenn Sie an jenen Ort in sich gehen, an dem Sie sicher und frei sind, wo Sie ganz und gar Sie selbst sind und sich dort erlauben, Wünsche aufsteigen zu lassen, können Sie spüren, wie sich die Erfüllung Ihrer Wünsche körperlich anfühlen wird. Der Spur der Wünsche zu folgen, heißt folglich auch, dem eigenen guten Gefühl zu folgen. Darin liegt eine große Kraft, Gedanken verändern sich schnell, folgen wir aber einem Gespür, bleiben wir viel länger und nachhaltiger auf der Spur.

Wie oft bin ich schon mit der Bemerkung konfrontiert worden: »Ich weiß aber nicht, was meine Begabung ist, ich habe keine Gaben.« Unmittelbar darauf wird dann oft ein Wunsch geäußert, in etwa so: »Aber jetzt bin ich pensioniert und möchte endlich mal was Sinnvolles machen, zum Beispiel Kindern einen guten Umgang mit der Natur nahebringen.« Oder: »Ich möchte so gerne Musik machen.«

Der Wunsch birgt die Gabe. Die Gabe ermöglicht die Verwirklichung des Wunsches. Zwischen Wunsch und Verwirklichung liegt der rote Lebensfaden. Begabung kann sich aber nur zeigen, wo ihr Raum geboten wird. Manchmal verhindern dies die Zeitläufte, oft verhindern wir es selbst.

Mit dem Satz »Aber es gibt sie nun mal, die großen Begabungen, manche haben sie und manche eben nicht« bin ich mindestens genauso oft konfrontiert worden. Ja, es gibt Menschen, die sensationell gut rechnen können und Mozart war tatsächlich ein Wunderkind. Aber die Begabung der anderen ist kein Grund, die eigenen Gaben nicht zu schätzen bzw. nicht zu verwirklichen. Den roten Faden finden wir nie im Vergleich zu anderen. Wenn wir vergleichen, bleiben wir im Vergleich stecken. Uns selbst finden wir nur bei uns selbst. Und vergessen wir es nicht: Jede Gabe bringt auch ihre eigenen Aufgaben mit sich und die großartige Begabung, die ein Mensch hat, bringt auch spezielle Anforderungen in sein Leben.

Auch sollten wir nicht erwarten, dass sich unsere Gabe umgehend entfaltet. Kehren wir noch einmal zu Rainer Maria Rilke zurück. Seine zehn Duineser Elegien sind berühmt, zusammen mit den Gesängen an Orpheus stellen sie sein Meisterstück dar. Er wusste das, und als er sie endlich vollendet hatte, im Februar 1922, schrieb er dies auch in Briefen an seine Nächsten, an Lou Andreas-Salomé und an seine Förderin, die Gräfin Marie von Thurn und Taxis Hohenlohe. Das Verfassen der ersten Duineser Elegie lag zu diesem Zeitpunkt zehn Jahre zurück.

Empfangen, wie er es nannte, hatte er diese Elegie in eben jenem Namen gebenden Schloss Duino in der Nähe von Triest, am Meer gelegen. Auch damals, 1912, hatte er in einem Brief sofort davon berichtet. Rilke hatte also zehn Jahre gebraucht, um ein Werk zu vollenden, von dem er sehr schnell wusste, wie viel es umfassen würde, aber nicht, was sein Inhalt sein würde.

Er trug einerseits etwas in sich, das sich bereits zeigte, andererseits kam auch eine Erinnerung aus der Zukunft zu ihm, als würde es das, was er schreiben wollte, schon geben, an jenem fernen Ort, er musste nur noch so weit sein, und es musste nur noch so weit sein, um vollends entstehen zu können. Das, was er bereits in sich trug, und zwar durchaus real (die ersten Zeilen waren schon da), war zugleich das, was ihn zog, es gänzlich in Erscheinung zu bringen. Das ist nichts anderes als der Entfaltungsprozess, den wir in der Natur beobachten können: Der Same birgt den Baum, ist es so weit, beginnt das Wachstum. Wie der Baum wächst, richtet sich nach den Bedingungen des Lebens, von Augenblick zu Augenblick. Aber der Baum wird ein Baum und die Elegien wurden die Elegien. Und Ihre Wünsche, die Sie tief in sich spüren, leiten Sie durch Ihren Entfaltungsprozess, wenn Sie Ihnen folgen. Denn sie sind das, was durch Sie als gelebter Ausdruck entstehen möchte.

Rilke vergaß das Vorhaben nach den ersten Worten nie. Er arbeitete in den zehn Jahren, die bis zur Fertigstellung vergingen, immer wieder an diesen Versen. Der Krieg kam ihm dazwischen und mit ihm eine Schaffenskrise, aber das Wissen blieb, dass er dies zu leisten habe, die Vollendung exakt dieses Werkes. Keine leichte Ausgangslage, doch der Same war gelegt und das Wissen kam aus den Tiefen seines Selbst. Geradezu orkanartig kamen dann binnen vier Tagen im Februar 1922 all die Verse über ihn, die er zur Vollendung brauchte.

Gerade an diesem Dichter, den ich in gewisser Hinsicht für eine Art Mystiker halte, kann man den Entfaltungsprozess so sehr gut ablesen. Von Rilke kann man tatsächlich sehr viel lernen.

In der Regel geht die Umsetzung unserer Wünsche und Visionen, die der Ebene unseres Selbst entspringen, allerdings sehr viel schneller bzw. sprunghafter voran. Und das behaupte ich nicht einfach so, dafür können Sie nun wieder die Natur als Lehrmeister ansehen. Organische Wachstumsphasen sind keineswegs geradlinig. Im Hochsommer haben wir zum Beispiel das Gefühl, dass gar nichts mehr wächst, dass alles nur noch vertrocknet. Aber dann reicht ein Regenguss und alles ist nicht nur wieder grün, von einem Tag auf den anderen ist plötzlich alles reif geworden.

Auf dem Weg zur Selbstentfaltung gelten dieselben Regeln. Sie haben Samen gelegt, das sind Ihre Vorstellungen und Wünsche, denen Sie bereits Ausdruck verliehen haben. Allein dadurch, dass Sie sie ausgedrückt haben, ist der organische Prozess initiiert worden. Sie machen jetzt das, wovon ich weiter vorne schon geschrieben habe: Mit jedem Schritt auf Ihrem Weg kreieren Sie Ihre neue Welt. Wege entstehen dadurch, dass man sie geht, soll Franz Kafka gesagt haben. Neue Welten entstehen dadurch, dass man sie durchschreitet.

Und damit Ihnen nicht das passiert, wovor Lou Andreas-Salomé ihren Herzensfreund Rainer Maria Rilke immer wieder warnte, nämlich der Zusammenbruch angesichts des Energietsunamis, der ihn bei der Fertigstellung seiner Dichtung dann überkam, darum halten Sie sich auf dem Weg vom Wunsch zur Wirklichkeit an drei Hilfsmitteln fest, die Ihnen in diesem Buch schon begegnet sind. An diese können Sie sich nicht nur halten, sondern sich auch mit ihnen immer wieder neu vorbereiten und ausrichten.

Hier sind sie:

1. Sie nehmen die Auf-Gabe an.
2. Sie geben den Widerstand auf.
3. Sie entfalten die eigenen Gaben.

Zur Erinnerung:

Das Leben stellt uns Aufgaben, die uns auf unsere wahren Wünsche hinweisen. Wir nehmen diese Herzenswünsche unumwunden an.

Widerstand ergibt sich aus unserem alten Denkmodell, das besagt, dass es nichts ohne Kampf gibt. Wenn wir diese Vorstellung aufgeben, gibt es vielleicht immer noch etwas, das gegen uns arbeitet, das schwierig ist, sich versperrt, von dem wir nicht wissen, wie wir es meistern sollen, ja das uns zu überfordern scheint. Aber wir nehmen es an.

Die eigenen Gaben zu entfalten heißt, nicht mehr zu fragen, ob wir das dürfen, sondern zu fragen, wie wir es machen! Das kommt einer neuen Art das Ja-Sagens gleich, die kein »ja, aber« ist, sondern ein »ja und«. Wir sagen Ja und fragen, mit welchen Mitteln wir weitergehen können: Was nehmen wir zuerst in Angriff und was wird das für uns bedeuten? Diese Art des Ja-Sagens ist die beste Vorbereitung, um sich den neuen Kräften gegenüber offen und frei verhalten zu können.

Und dann gibt es da noch das vierte Hilfsmittel:

Sie machen sich bewusst, dass nicht alles in Ihrer Hand liegt. Wenn Sie all das hier beherzigen, sich mutig voranschreiben und dadurch voranschreiten, dann dürfen Sie den Rest der Verantwortung einfach abgeben.

Denn es liegt nicht allein in unserer Macht, wann und wie die Dinge in die Welt kommen, wann und wie sich etwas entscheidend für uns verändert. Die Ebene des Machens haben wir ja bereits verlassen und auf der Ebene des Entstehenlassens und des spielerischen Gelingens, auf der wir jetzt angelangt sind, arbeiten wir bei allem, was wir tun, in Korrespondenz mit dem Leben. Das heißt, Sie geben Ihr Bestes – das machen Sie sowieso schon andauernd – und alles andere überlassen Sie dem Leben, das heißt in diesem Fall, dem Entstehungsprozess. Weil das so ist, ist Vertrauen gefragt, mehr noch und größeres als bei unseren ersten Schritten. Doch es fällt nun so viel leichter, sich in diesem Vertrauen einzurichten. Wenn wir nämlich erst mal Ja gesagt haben zum Leben, sagt das Leben auch Ja zu uns. Das hat es eigentlich schon immer gemacht, wir wollten es nur nicht hören. Ab jetzt lässt sich immer besser damit arbeiten.

Impuls

Ich gebe Ihnen hier »Übungen«, die mir selbst halfen und mit denen ich in Seminaren sehr gute Erfahrungen gemacht habe. Aber zunehmend werden nun Sie selbst Ihr eigener Führer, Sie sind der Pfadfinder und Sie sind der Pfad, sie verkörpern zunehmend Ihren Weg. Und deshalb entscheiden Sie und spüren hinein, was Sie jetzt brauchen und was Ihnen guttut.

Stellen Sie sicher, dass Sie für diesen Impuls reichlich ungestörte Zeit haben. Zunächst nehmen Sie Ihr Blatt mit »ICH SELBST WERDEN« wieder hervor. Lesen Sie Ihre vier Texte zu den folgenden Themen noch einmal durch: »Wo ich hinmöchte?«, »Wo ich hingehe?«, »Was zu tun ist!« und »Was ich alles schon geschafft habe.«

Und jetzt nehmen Sie ein paar tiefe Atemzüge, tief runter bis in Ihren Bauch, gehen innerlich an Ihren sicheren, freien Ort, schauen auf Ihr Blatt »ICH SELBST WERDEN« und nehmen sich den Bereich heraus, der Sie jetzt gerade am meisten »anspringt«. Einer, an dem Sie konkret arbeiten wollen. Sollten es mehrere Bereiche sein, die Sie zeitgleich angehen wollen, weil sie unmittelbar miteinander zu tun haben, dann bitte ich Sie dennoch, die folgende Übung nacheinander für jeweils einen Bereich auszuführen.

Schreiben Sie detailliert auf, was es ist, das Sie in diesem Bereich anstreben. Werden Sie bitte immer genauer in Ihrer Vorstellung: Wenn es zum Beispiel um eine wirklich liebevolle, Sie fördernde und tragende Beziehung geht, wie würde diese konkret aussehen, was ist es, das Sie fördert, wie sollte sich das Liebevolle zeigen?

Oder geht es um mehr Wohlstand, sodass Sie Ihre Wünsche

besser umsetzen und teilen können? Was verstehen Sie unter Wohlstand, wo konkret fehlt Ihnen Hilfe, was braucht mehr Raum im Leben? Formulieren Sie diese Wünsche, schreiben Sie sie auf, entwickeln Sie ein konkretes Bild davon.

Und nun beantworten Sie folgende Fragen:

»Wie würde sich mein Leben verändern, wenn sich meine Wünsche verwirklichten?«

Teilen Sie Ihre Antwort in drei Bereiche auf:

1. Wie würde es sich im Äußeren verändern? Sähe ich anders aus und wie, wo wäre ich dann, was wäre anders, wie sähe meine Wohnung aus, welche Menschen wären um mich, wie sähe mein Tagesablauf aus, was wäre meine Arbeit?
2. Wie würde die Erfüllung des Wunsches mein Inneres verändern? Wie würde ich mich fühlen, welche Gedanken hätte ich, welche Emotionen, wie würde ich meinem Inneren Ausdruck verleihen? Wie würde sich mein Körper anfühlen? Welche Auswirkungen hätten die Veränderungen auf meine Gesundheit?
3. Wie würde meine Umgebung, wie würden meine Familie, meine Freunde, meine Kollegen reagieren? Wie würden sie mir entgegentreten, kämen neue Freunde hinzu, würden mich andere verlassen? Wie sähe mein Liebesleben aus? Wie sähe mein soziales Umfeld aus?

Nehmen Sie sich Zeit für die Antworten, denn mit diesen Antworten antwortet Ihnen das Leben, spüren Sie gut hinein, lassen Sie die Landschaft der Veränderung vor sich entstehen. Und werden Sie bitte auch hier ganz konkret. Schreiben Sie nicht nur: »Ich werde gesünder leben«, schreiben Sie auf, was Sie essen werden, ob Sie Sport machen wollen, und wann das kleine Glas Wein sein darf. Schreiben Sie nicht nur: »Ich werde meinen Freunden mehr Zeit widmen«, überlegen Sie, was Sie mit den Freunden machen werden, wann und wie oft. Schreiben Sie nicht nur: »Ich werde mir mehr Zeit für diese Übungen hier geben und öfter schreiben«, überlegen Sie, wie viel Zeit, wann genau, wie Ihre Schreibsachen aussehen, usw. Diese Übung ist Handwerk, sie zeigt Ihnen ganz real Ihre persönlichen nächsten Schritte, die es zu tun gilt.

Versuchen Sie, alle drei Bereiche in einem Durchgang zu beantworten, und dann gönnen Sie sich eine Pause und freuen sich mal so richtig darüber, was Ihnen gerade alles eingefallen ist.

Später nehmen Sie das Heft erneut hervor, lesen die Antworten durch und beantworten Sie aus dem Herzen heraus, mit Mut, Vertrauen, Offenheit, mit dem Wissen und dem tiefen Bewusstsein, dass wir uns aus der Verbundenheit heraus entfalten, kurz und präzise die Frage:

»Was fürchte ich also?«

Und beantworten Sie sehr schnell und unmittelbar darauf die Frage:

»Und was verwandelt meine Furcht?«

Wie oft habe ich beobachten können, dass ein wichtiges Motiv, das uns von der Verwirklichung unserer Wünsche abhält, der vermeintliche Verrat an unseren Lieben ist. Wir haben das Gefühl, sie zu bedrohen, wenn wir uns entwickeln. Wir haben das Gefühl, sie zu verlassen, wenn wir wachsen. Auch kommen wir immer und immer wieder an den Punkt, an dem wir denken, uns selbst zu verlassen, und zwar in der bisherigen Form, mit der Geschichte, die wir uns über uns selbst seit Jahren und Jahrzehnten erzählen. (Dass wir ein armes Opfer unseres Umfeldes sind, dass wir ein verkanntes Genie sind.)

Spüren Sie hinein, wie sich diese Geschichten anfühlen: sicher und frei in einem? Ganz bestimmt nicht.

Lesen Sie Ihre drei Antworten auf die Frage, wie sich Ihr Leben verändern würde, wenn sich Ihre Wünsche verwirklichten, noch einmal, die Lektüre sollte sich jetzt richtig gut anfühlen.

Was also ist die Antwort auf Ihre Furcht? »Angst ist Lust, der man keine Richtung gibt«[11], hat der Psychotherapeut Wolf Büntig einmal geschrieben. Ihr Ich hat Angst, verloren zu gehen, nehmen Sie es in die Arme, geben Sie ihm Richtung und erzählen Sie ihm sehr lang und sehr genau davon, wie lustvoll es ist, es selbst zu werden und mit Ihnen auf die Reise zu gehen, immer weiter hinein ins Offene und ins Eigene.

Und nein, heute ist das Üben noch nicht zu Ende. Schreiben Sie erneut auf, was die nächsten Schritte für Sie sein könnten:

› Was können Sie sofort umsetzen?
› Und bis wann wollen Sie es umgesetzt haben? Können Sie sich eine Frist setzen?
› Welche drei Schritte in Richtung der gewünschten Veränderung leiten Sie jetzt ein?

Verlieren Sie nie Ihr Gesamtbild aus den Augen, auch wenn es gut ist, sich eine Zeit lang auf einen Bereich des Lebens zu fokussieren; der Entfaltungsprozess entsteht immer in Verbundenheit mit dem ganzen Leben, er ist eben kein abgerungenes Einzelprojekt, das wir durchziehen nach irgendwelchen »goldenen Regeln des Erfolgs«.

Denken Sie dran, wir schreiben uns ins Leben ein. Beim Schreiben einer Geschichte treten Aspekte in den Vordergrund, aber immer schwingt die gesamte Geschichte mit. Je weiter wir gehen und je mehr wir schreiben, desto ausdifferenzierter wird der Prozess, als würden Sie rechts und links vom Wegesrand immer mehr sehen, als würde der Weg immer breiter.

Vom Umgang mit Zweifeln

Da ist es wieder! Wahrscheinlich, weil es so viel geregnet hat: grün, knackig, frisch. Man kann es sogar essen, frisches Bambussprossengrün. Eine Freundin, Heilpflanzenkundige, sagte zu mir: »Eigne es dir an, mach es zu deiner Nahrung, iss es und verdaue es. Es soll dir dienen.« Es hat sich sehr lange nicht gezeigt, ich dachte, ich hätte es besiegt, aber jetzt steht ein dicker Büschel zwischen den langsam sich einziehenden Blättern der Pfingstrosen, den Rosen und der Schmetterlingsblume, die so leicht und elastisch im Wind tanzt. Und ich weiß, wo ein Büschel ist, ist das nächste nicht weit. Aber ihn zu essen? Nein, das geht mir zu weit, ich werde die Hacke nehmen, Messer und Grabschaufel und mein Bestes geben. Und trotzdem: Er ist da und er bleibt da, das weiß ich jetzt. Das einzig Gute, das ich dem Bambus abringen kann, ist die Tatsache, dass das Wurzelnetz den schweren Lehmboden aufgelockert hat. Mit meiner Vision meines Gartens hat er aber einfach nichts zu tun, das ist so und das bleibt so.

Meine Selbstzweifel sind übrigens auch wieder da: Bin ich gut genug, bin ich den richtigen Weg gegangen? Werde ich es jemals schaffen und wenn, was überhaupt? Mein früherer Lebensgefährte, ein Theatermann, den der Tod sehr früh ereilte, sagte einmal zu mir: »Das ist dein Motor, wenn du die Zweifel nicht hättest, wärst du nicht gut.« Das half, auch wenn die Umsetzung, die Akzeptanz dieser Zweifel und der Umgang mit ihnen dadurch nicht einfacher wurden. Letztlich meinte mein Lebensgefährte dasselbe wie die kluge Freundin: Eigne sie dir an.

Fast bin ich nun doch geneigt, die Blattspitzen abzuschneiden. Soll ich sie dünsten? Braten? An die Suppe geben? Einen Smoothie daraus machen, einen quietschgrünen Bambussprossensmoothie, gewürzt mit ein paar richtig schönen Selbstzweifeln?

Wieso nur kommen die Zweifel zurück, kaum dass man einen guten Plan gefasst und womöglich sogar die ersten Schritte umgesetzt hat? Wieso die vielen Widersprüche, wieso erlangen all die Gegenargumente wieder Macht über uns? Und wieso werden die Kinder krank, kaum, dass wir wissen, wie wir unseren Weg weitergehen wollen, und warum will das Finanzamt genau dann eine Steuernachzahlung, wenn wir beschlossen haben, die teure Fortbildung doch zu machen? Natürlich, wir wissen es, alles in Wahrheit innerer Widerstand – und es gilt immer noch dasselbe zu tun: den Widerstand aufgeben, die Aufgaben annehmen, die Gaben entfalten. Ja. Aber da bleibt immer noch ein Rest, nicht wahr? Ein Argwohn. Was hat denn das Finanzamt mit unserem inneren Widerstand zu tun? Sind da nicht die bösen Widersacherkräfte am Werk, werden wir denn immer konsequent getestet, kommen die Hüter der Schwelle denn unentwegt, geht das immer so weiter?

Die Antwort lautet: Ja!

Allerdings: Die Widerstände sind ab einer bestimmten Stufe keine Schwellenhüter mehr, keine wilden Kerle, sie sind einfach nur das Leben und mehr nicht. So wichtig es am Anfang unserer Reise ist, äußere Hürden, sogenannte Prüfungen, als innere Themen zu erkennen, so wichtig ist es nun, äußere von inneren Widerständen zu unterscheiden und eben nicht alles auf sich selbst zu beziehen. Wissend, dass sowieso wir es sind, die den Widerstand als solchen benennen und dass er, wenn wir ihm genau das entgegenbringen, nämlich Widerstand, immer bedeutender wird. Wenn wir das tun, kämpfen wir wieder, und wenn wir erst im Kampfmodus sind, wird alles, was uns geschieht, sehr bald ausnahmslos wieder als Widerstand angesehen, und wo sind wir dann gelandet? Wir sind zu unserem alten Zustand, bevor wir das Tor durchschritten haben, zurückgekehrt. Ich nenne es den Jo-Jo-Effekt der Seele. Wir wiederholen unentwegt die alten Muster der Heldenreise, die Geschichte des Kampfes und der Überwindung. Das ist aber nur so, wenn unser Ego die Muskeln spielen lässt, wenn wir Entfaltung mit Durchsetzen verwechseln und den Entstehungsprozess als ausgeprägtes Machertum, in dem es um Sieg oder Niederlage geht.

Jahrtausende, wirklich Jahrtausende hat es gedauert, bis sich diese Muster, diese archetypischen Vorgänge herausgebildet haben. Es kann nicht von einem Moment auf den anderen geschehen, dass sich neue Muster bilden, dass wir neue Muster bilden.

»Es gibt eine Tendenz der Materie, in ihren alten Zustand zurückzufallen«, sagte der Quantenphysiker Hans-Peter Dürr einmal zu mir. Ich hatte ihn auf dem Monte Verità bei einem Treffen spiritueller Lehrer kennengelernt, fast eine ganze Nacht durfte ich mit dem großen, weisen Herrn in den tiefen Sesseln im Foyer des Tagungshauses sitzen, mit ihm diskutieren und mir ein wenig die Welt erklären lassen. Alte Muster sind ungeheuer stark, das hat er mir lachend bestätigt, die Atome eines Tisches erinnern sich immer wieder daran, dass sie ein Tisch sind. Und doch entscheiden sie sich in jedem Moment neu, dieser Tisch zu werden. In seinen Vorträgen benutzte er als Anschauungsmaterial für diese so schwer zu begreifende Behauptung gerne ein Pendel, er tippte es an und führte anschaulich vor, wie jede Bewegung das

Pendel beeinflusst und wie doch sein Hin das nächste Her erzeugt. Und so kommt uns ja auch oft unser Leben vor, ein ewiges Hin- und Herschwingen. Aber dann gibt es diesen einen Moment, wenn das Pendel an seinem Scheitelpunkt angekommen ist und für einen Moment stillsteht, bevor es zurückschwingt. Hier, so formulierte Hans-Peter Dürr, ist der Moment der größten Offenheit. Wohin schwingt die Kugel? Nichts steht fest. Alles ist möglich. Die Buddhisten nennen diesen Moment »die Lücke«. Man kann ihn in der Meditation erleben. Allein zu wissen, dass dieser Moment existiert, hilft bei der Wahrnehmung dieser »Lücken«, die es in unserem Alltag unentwegt gibt. Ja, es gibt sie unzählige Male, achten Sie einmal auf Ihren Atem, auch er hat die Lücke, zwischen Aus- und Einatmung gibt es eine Pause, darin entscheidet sich das Leben immer wieder neu, und zwar für uns. Wäre es nicht so, würden wir ersticken oder hyperventilieren und nach kurzer Zeit zuckend tot zusammenbrechen.

»Und was bedeutet dies alles für unser Leben?«, fragte ich den Heisenberg-Nachfolger und ehemaligen Leiter des Max-Planck-Institutes für Physik und Astrophysik. Wieder lachte er: »Nimm es nicht so ernst, halte Dich an die Lücke.«

Und was hat das mit meinem Bambus zu tun? Bambus gehört zum Leben, ganz einfach, genau wie die Selbstzweifel. Sie kommen und gehen, man kann sie nutzen und man kann mit ihnen umgehen lernen. Auf einer bestimmten Ebene erzeuge ich sie zwar selbst, aber auf einer anderen Ebene meinen sie gar nicht mich, sie sind einfach nur ein altes Muster, das sich immer wieder zeigt. Und um nicht unentwegt auf dieses Muster hereinzufallen, nimmt man, was als Widerstand erscheint, am besten nicht so persönlich. Zum Beispiel den Stau am frühen Morgen auf dem Weg zum Büro. Er meint nicht uns, er kommt und geht und was wir machen, während wir im Stau stehen, ist unsere Sache. Auch ist es kein Angriff auf unsere Seele, wenn ein Unwetter aufkommt. Selbst die Überschwemmung im Keller muss man nicht als gegen sich selbst gerichtet sehen, man kann sie allerdings nutzen, um Klarheit zu schaffen, nicht nur im Keller, sondern auch in sich selbst.

Statt Widerstand aufkommen zu lassen, praktizieren Sie besser Mitgefühl und Liebe, und zwar allen voran sich selbst gegenüber, auch und gerade, wenn Sie sich ärgern. Auch Ihr Ärger ist Teil des Lebens, verzeihen Sie ihm und nehmen Sie Ihre Wut, Ihren Frust nicht ganz so wichtig, damit er Sie nicht allzu lang vom Eigentlichen abhalten kann, und vor allem, damit er nicht so viel Energie raubt. Stagnation, Zeiten des Blockiertseins, das alles geht vorüber, das, was unserem Selbst entspringt, was wir entfalten wollen, bleibt.

Das beste Mittel, das man jetzt einsetzen kann, ist Humor. Lachen ist Ausdruck des uns innewohnenden Glücks. Wenn ich den Kopf hebe, hier in meinem Garten stehend, schaue ich über ein Meer erblühender weißer Herbstastern, die Blütenköpfchen wippen, dazwischen der Phlox, eine magentafarbene Duftwolke, Schmetterlinge tanzen in der Luft und dazwischen die Anflugschneise zum Quellstein, an dem sich Vögel und Libellen abwechselnd laben. Die Libellen sind dieses Jahr riesig und bunt wie nie zuvor, rote Leiber, blaue Leiber, sogar eine goldene ist dabei. Aber ich starre geduckt auf einen circa fünf Zentimeter Umfang messenden grünen Punkt? Zum Lachen.

Wir Menschen sind seltsam, nicht wahr?

Uns selbst als Teil einer Gattung anzusehen, der Gattung Mensch, die hier auf dieser Erde lebt und leben will, neben all den anderen Wesen, neben und in all den Ereignissen, die durch das Zusammenspiel des Lebens entstehen, hilft, ein wenig Abstand zu gewinnen, und das sollte man sich immer öfter gönnen; ein mildes, verständnisvolles Lächeln für uns selbst und dann wieder Eintauchen und sich nicht ablenken lassen vom bewussten Entfaltungsprozess. Das ist das Leben, Sie sind das Leben.

Machen Sie den nächsten Schritt, gehen Sie weiter, es ist an der Zeit. Setzen Sie um, was Sie sich vorgenommen haben. Wir haben uns jetzt lang genug mit Konflikten und Widerständen beschäftigt. Das Einzige, was uns zurückhält, ist die Furcht vor unserer Kraft. Wir glauben, uns aufzulösen, wenn wir uns dem Prozess ganz hingeben. Aber schauen Sie sich die Rose an: Hingegeben an die Schönheit in der Sonne leuchtend. Löst sie sich auf? Nein, sie tritt vielmehr erst recht in Erscheinung. Da darf an ihrem Fuß ruhig dieser kleine grüne Bambusbüschel stehen. Das ignoriert sie einfach und ich werde das jetzt auch tun.

Auf dem Weg der Selbstentfaltung treten auch wir immer mehr in Erscheinung. Alte Muster halten uns fest – manchmal müssen wir prüfen, ob uns das auf etwas hinweist, was es zu bearbeiten gilt, und oft müssen wir einfach nur lachen und weitergehen. Und um zu lernen, wie man die alten Muster immer leichter verlässt, üben wir weiter die tägliche Korrespondenz mit dem Leben, mit dem Entfaltungsprozess selbst ein.

Impuls

Einmal fragte mich eine Opernsängerin: »Wann übt ihr Schriftsteller eigentlich?«

Eine sehr gute Frage, wie ich fand, und so richtig beantworten konnte ich sie zunächst nicht. Freilich könnte man auf die Einträge ins Tagebuch oder in das Notizbuch, das die meisten Autoren immer bei sich tragen, hinweisen. Die täglichen drei Seiten am Morgen oder die selbst auferlegten acht Sätze (Minimum) pro Tag.

Wer sich ins Leben schreiben will, sollte ebenfalls täglich üben, und dafür bietet sich die folgende Aufgabe an. Ungefähr **10 Minuten** sollten Sie sich dafür jeden Morgen reservieren, sowohl an Arbeitstagen als auch am Wochenende.

Am besten machen Sie die Übung unmittelbar nach dem Aufstehen oder nach dem Frühstück. Beantworten Sie jede der folgenden vier Fragen:

1. Was möchte ich heute von der Welt (vom Universum)?
2. Was will die Welt (das Universum) heute von mir?
3. Was können wir, die Welt und ich (das Universum und ich), heute gemeinsam tun?
4. Wie beabsichtige ich den heutigen Tag zu verbringen?

Interessant ist vor allem die zweite Frage, nicht wahr? Was will die Welt heute von mir? Fragen Sie und lauschen Sie, welche Antworten kommen. Und seien Sie spezifisch, es geht nicht um den Weltfrieden oder darum, dass alle Menschen satt werden, es geht um Sie! Was wollen Sie heute von der Welt? Ich sage gern »vom Universum«, weil ich mich dann noch eingebundener fühle zwischen Himmel und Erde, aber das ist Geschmackssache, Sie können auch fragen: »Was will ich heute vom Leben?«

Diese sehr einfache Übung lehrt, uns ins Verhältnis zur Welt zu bringen, in den Austausch von Geben und Nehmen zu gehen, von Bitten und Danken, und das ist ein Tor zur bewussten Selbstwerdung. Es ist, als würden Sie sich jeden Morgen kurz auf Ihren Leitstern hin ausrichten.

Ich habe diese Übung nicht selbst erfunden, wer sie ursprünglich kreiert hat, ist leider nicht auszumachen. Meine Quelle ist Jean Houston, die als eine Pionierin der Bewusstseinsforschung gilt, die unter anderem Hillary Clinton coachte und die mit dem bereits erwähnten Joseph Campbell und der Anthropologin Margaret Mead gearbeitet hat. Auch wenn sie sich Campbells Heldenreise immer wieder sehr detailliert widmet, wird sie nicht müde zu betonen, dass wir neue Heldenreisen brauchen und kreieren werden.

Eine zweite Übung, die ich Ihnen hier anbieten möchte, erfordert Ihr Gespür, und ich möchte nicht sagen, Ihren Glauben, sondern Ihre zunehmende Vertrautheit mit dem Selbstentfaltungsweg, den wir auch als Bewusstseinsweg bezeichnen können.

Ich möchte die Übung »Den Engel des Werdens fragen« nennen. Falls das Wort »Engel« bei Ihnen einen negativen Beigeschmack von kitschigen Verniedlichungen hat, lesen Sie bitte dennoch weiter, denn um das Geheimnis von Schöpfung kommen wir nicht herum, wenn wir Schöpfer sein wollen. Nicht nur Rilke hat den Engel wieder und wieder beschrieben, sondern auch ein Gegenwartsautor wie Peter Härtling, und was die bildende Kunst angeht, so sind Paul Klees Engelszeichnungen ebenfalls weithin bekannt. Man könnte in die Moderne hineinreichend unendlich viele Beispiele aus Kunst und Literatur aufzählen. Denn das Mysterium des Werdens, das sich in der Beziehungshaftigkeit dessen, was ist, und dessen, was entstehen will, definiert, es findet seinen Ausdruck in diesem Wort »Engel«. Sie müssen aber den Engel nicht so benennen, Sie können Ihre Fragen auch an das »Leben« richten. Denn ich möchte Sie auffordern, mit dem zu Entstehenden in aktiven Austausch zu treten.

Einfach gesagt: Fragen Sie Ihren Engel, was Sie tun sollen. Und erlauben Sie sich am besten gleich mehrere dieser Wesen, einen Gesundheitsengel, einen Projektengel, einen Schreibengel, einen Engel der Liebe. Zwischen dem, was Sie tun, und dem, was Sie ersehnen, entsteht eine Art lichter Raum, in dem sich das zu Entstehende heranbildet. Eine Ebene vor der Materialisierung, aber auf ideelle Art, ist das, was entstehen soll, schon da. Diese »Vor-Ebene« befragen Sie, Sie fragen und Sie hören hin, was Ihnen von dort entgegenkommt. Wie geht der Text weiter? Welche Entscheidungen soll ich treffen? Auf was muss ich achten?

Tun Sie es, es wird Ihnen geantwortet werden. Auf sehr liebevolle Weise beschreibt diesen Vorgang der Schriftsteller Hanns-Josef Ortheil in seinem Roman »Das Kind, das nicht fragte«[12]. Der junge, schüchterne Held befragt darin sogar Gott selbst und Gott antwortet und erklärt dem Jungen, dass aus dieser Ebene des Werdens die Antwort in ihm selbst entstehen wird. Er brauche nur hinzuhören. Er soll erst die Fragen stellen, dann still werden, lauschen und die Antworten dann laut wiederholen, am besten aufschreiben, empfiehlt Gott.

In vielen spirituellen Schulungen wird geraten, das sogenannte »Hohe Selbst« zu befragen. Natürlich ist dies richtig, denn dieser Instanz wird ein allumfassendes und alles berücksichtigendes Wissen zugesprochen. Dennoch setzen wir einen etwas anderen Akzent, wenn wir uns in unserem sicheren Ort verankern und von dort aus die Fragen an das Leben bzw. an den Engel des Werdens stellen. Diese Akzentverschiebung wird dem kreativen Entfaltungsprozess meiner Meinung nach besser gerecht. Denn wir lernen ja gerade, dass dieser Prozess nicht allein unserem Inneren entspringt, sondern im Austausch mit dem Leben, mit der Welt entsteht. Und wenn wir diese Ebene befragen, kommen die Antworten aus uns und der Welt gleichermaßen.

Probieren Sie aus, welche Worte für Sie richtig sind, vielleicht wollen Sie auch einfach nur sagen: »Was sagst du dazu?« Und Sie meinen mit dem angesprochenen Du das kreierende Leben.

Versuchen Sie es. Fragen Sie, fragen Sie das Leben selbst. Es antwortet. Und fragen Sie nicht nur in Gedanken, sondern auf dem Papier und beobachten Sie, welche Antworten Ihnen in die Feder und in Ihr Herz fließen werden.

Das geschriebene Wort ist der Mittler zwischen Vorstellung und Umsetzung, es ist die erste Stufe des Ausdrucks, der sich ganz konkret in Ihrem Leben materialisieren will.

Wenn Sie abends Ihre Fragen stellen und die Antworten niederschreiben, haben Sie sogar noch den Engel des Schlafes auf Ihrer Seite, der Ihnen bei der Umsetzung hilft. Denn wir verwandeln uns ebenso im Stillen, in der Nacht, im Schlaf. Schauen Sie sich am Morgen Ihre Antworten vom Vorabend noch einmal an, vielleicht fügen Sie neue hinzu. Dann werden Sie wissen, was zu tun ist.

Ankommen
oder
die Ebene des Gelingens

Von den Dichtern und Schriftstellern heißt es oft, dass sie – auch wenn ihr Werk noch so umfangreich und vielgestaltig ist – letztlich doch immer wieder ein- und dasselbe Buch schreiben. Als sei da etwas, das sie umkreisen, das sie ausloten, ein Geheimnis, das sich nicht ergründen lässt. Dabei ist ihrem Werk durchaus eine nachvollziehbare Entwicklung innewohnend.

Als Lebensgefühl kennen wir das ebenso, dieses »immer wieder von vorn und dennoch neu und anders«. Als würden sich die beiden Gedichte von Hermann Hesse und Rainer Maria Rilke paaren, die »Stufen«, die das Leben als einen hinaufschreitenden Prozess beschreiben, den es stets neu in Angriff zu nehmen gilt, und die »wachsenden Ringe«, die das Umkreisen der einen großen Frage, des großen Geheimnisses, thematisieren. Und ist nicht der kleinste Baustein unseres Lebens, die DNA, eine Spirale, etwas, das sich selbst umkreisend nach oben bewegt?

Im Vorgang des »Sich ins Leben schreiben« vollziehen wir tatsächlich eine Art Aufwärtsbewegung, wir kommen nicht nur voran, wir entwickeln uns auch empor auf andere Ebenen und bleiben verwandelt, so paradox es klingen mag, in der Essenz doch die- oder derselbe. Dem Zauber der Poesie entsprechend entfalten wir uns um ein Geheimnis, das wir sind und zugleich werden.

Es wird nun immer leichter, denn ab einer bestimmten Stufe sind wir mit dem Weg zur Selbstentfaltung so sehr vertraut, dass eben die-

ses Vertrauen uns führen kann. Und wohin führt es? Unter anderem ins Gelingen und das Gelingen führt ins Glück und das Glück ist das, was wir unbedingt teilen, mitteilen möchten. Wie leicht das ist und wie spielerisch uns plötzlich das Leben entgegenkommt …

Von all dem erfahren Sie mehr auf den nächsten Seiten, die Kostbarkeit des Lebens zeigt sich in jedem Moment und wir zeigen uns auch immer mehr und immer klarer, wir zeigen uns nicht nur, wir leuchten. Wir gehen weiter auf dem Weg, das Aufbrechen fühlt sich zunehmend wie ein Ankommen an und das Ankommen weiß um den immerwährenden Aufbruch ins Neue und doch gibt es darin auch noch etwas Neues, Unbekanntes, den Durchbruch, Sie dürfen also gespannt weiterlesen und -schreiben.

Fülle und wie Sie zum Schöpfer werden

Es ist einer jener späten Septembertage, an denen sich einem die Welt zu Füßen zu legen scheint, die Früchte sind reif, die Sonne noch warm, der Wind ist mild, die Spinnfäden des Altweibersommers durchziehen die Luft. Meine ersten Seminare im biografischen Schreiben gab ich in den USA, in Pennsylvania, genau zur Zeit des Indian Summers, als sich die Wälder in leuchtendes Rot und in sattes Magenta verfärbten. Von der Holztreppe vor meinem kleinen Apartment aus machte ich jeden Tag zur selben Zeit ein Foto von dem mächtigen Ahornbaum, der unmittelbar davorstand. Es entstand ein Daumenkino eines Farbrausches. Hurrikan Katrina war kurz zuvor über die Südstaaten hinweggefegt, die Folgen hatte man sogar noch in Pennsylvania als lang anhaltenden, schweren Regen bemerkt. Um die psychischen Folgen zu be- und zu verarbeiten, gab es landauf, landab eine Schreibkampagne: »Wie hast du den Sturm erlebt, was hat dir geholfen, wie kannst du jetzt helfen?« Schon nach 9/11 hatte an Schulen und Universitäten der USA eine solche Kampagne stattgefunden, die Schülern und Studenten half, das Erlebte unmittelbar, schnell und vor allem gestaltend zu verarbeiten, um nicht in stumme, lähmende Ohnmacht zu verfallen. Damals fing ich an, über die Wirkmächtigkeit des Schreibens zu forschen, in den Bibliotheken der amerikanischen Universitäten fand ich unglaublich viel Material. Diese Nation ist Nation geworden, weil sie sich immer wieder ihre Geschichten erzählt hat, Geschichten der Herkunft und Geschichten der Zukunft: »Where are you from, where do you want to go?« lautet die Standardfrage der Amerikaner. Und die Antworten: Ah, du kommst aus Deutschland, mein Großvater stammte aus Polen, ist es bei euch nicht immer entsetzlich kalt? Was machst du jetzt hier, wirst du bleiben, hast du Kinder, wie heißen sie? Dann wird das Handy rausgeholt und Fotos werden gezeigt: Hier, das sind meine Kinder, unser Bäcker ist übrigens auch aus Deutschland, na, nicht er, sondern sein Vater, glaube ich …

Eine Zeit lang ging ich jeden Abend mit einer Angestellten der Mensa von der Uni aus runter in die Stadt zum Busbahnhof. Sie konnte nicht begreifen, dass ich sie begleitete. Ihr Auto sei kaputt und sie habe sehr wenig Geld, erzählte sie mir, aber dass ich lief, sie begleitete, freiwillig, das begriff sie nicht. Ich erfuhr auf diesen relativ kurzen Wegen ungeheuer viel über Amerika, und es öffneten sich mir Tore zu Menschen, die ich sonst nicht getroffen hätte. Da war der Bruder, der, gerade aus dem Gefängnis entlassen, nichts anderes tat, als traurig zu sein. Da waren ihre Freundinnen, die auf ständiger Jagd nach einem Job waren, die alte Mutter, die sich nicht mehr erinnern konnte, wie viele Kinder sie hatte, aber inbrünstig für alle betete, und zwar durchgehend. Unten am Busbahnhof in dem kleinen Städtchen war ein Markt, ich lernte Amish People kennen, die mit der Kutsche kamen, herrliches Gemüse anboten, deren Lebensform mir allerdings keine Alternative zu sein schien. Ein Amish-Mädchen war damals gerade gestorben, weil es ihr nicht erlaubt war, mit dem Notarztwagen in die Klinik gefahren zu werden, als der Blinddarm brach. Ich fragte auch meine Studenten aus, ich wollte ihre Geschichten hören, wer waren sie, wie definierten sie sich, wovon träumten sie, und wenn der Unterricht vorbei war, ging ich in die Bibliothek, las und schaute und suchte, nicht eben zielgerichtet, und fand aber doch all das, was mich bis heute inspiriert. Ich glaube, rückblickend, dass ich damals den Umgang mit der Fülle erlernte, mit der Fülle all dessen, was mich umgab und was mir das Leben anbot. Ich glaube, dass ich zu dieser Zeit aufhörte, mich dafür zu interessieren, wie ich mich angeblich im deutschen Literaturbetrieb durchzusetzen hätte. In mir bildete sich ein Satz: Dafür bin ich nicht auf die Welt gekommen. Nein, um meinem eigenen Ehrgeiz hinterherzulaufen, dafür war ich nicht auf die Welt gekommen. Aber dafür, in einer bestens bestückten Hinterwäldlerbibliothek bis tief in die Nacht hinein Einwanderergeschichten zu studieren, auf der Suche nach dem, was diesen Menschen Kraft gab, dafür war ich auf die Welt gekommen. Das machte mich reich. So wie mich der Ahorn vor meinem kleinen Dachzimmer, in dem ich eine Dusche hatte, die man nur gebückt betreten konnte, reich machte. Und wie mich die Erzählungen der dicken Kantinenfrau reich machten und das Lächeln der Amish-Mädchen, wenn ich ihre Äpfel kaufte, so wie mich das Laub der Wälder bereicherte, dass sogar tief lila werden konnte, Farben, wie ich sie an Bäumen noch nie gesehen hatte. Und so wie mich jetzt die Erinnerung daran reich machen kann und der Blick in meinen Garten, der Biss in den Pflaumenkuchen und die Berührung des milden Windes auf meiner Haut.

Es war die Wahrnehmung der Fülle, all dessen, was mich umgab, die mir half, mich selbst wieder wahrzunehmen. Ich spürte wieder, wer ich war und wo ich eigentlich hinwollte. Ich nahm gewissermaßen meine Geschichte wieder in die Hand. Die Fülle des Lebens wieder zu spüren ließ mich einerseits von mir selbst absehen, die Aufmerksamkeit auf die anderen lenken, und gleichzeitig mich genau dadurch wieder mehr spüren. Im anderen mich selbst finden wurde mir möglich, als ich die Aufmerksamkeit auf das Leben ringsumher lenkte, ein Leben, das mich unentwegt zu beschenken schien. Damals, in den USA, beschloss ich, meinem Stern wieder mehr zu folgen. Ich wollte zurück zum Eigentlichen finden, zu dem, weshalb ich begonnen hatte zu schreiben, vor vielen Jahren, als ich alles hinter mir gelassen hatte, mein gesamtes abgesichertes Leben mit Ehemann, Auto, Beruf und Bausparvertrag, weil es nicht anders möglich gewesen war, weil ich meinem Traum hatte folgen müssen. Unterwegs hatte ich vergessen, dass ich im Traum angekommen war. Ich hatte mich nur noch mit dem Weg und dem Ziel beschäftigt, meinen Stern, das große Ganze, hatte ich aus den Augen verloren. Damals, in den USA, entschied ich, mich wieder der Sinnhaftigkeit des Schreibens und Erzählens zu widmen, der poetischen Heilkraft der Schrift, die uns ganz werden lässt und uns zugleich über uns hinauswachsen lässt, in der ich mich als Teil und die Welt als Ganzes entdecken kann, und zwar zugleich, und die doch das Geheimnis wahrt, das Geheimnis der Schöpfung, das Geheimnis des Lebens. Und als ich das beschloss, merkte ich, dass ich vom Streben weg auf die Ebene des Gelingens kam. Ich kam an, als ich mich wiedererkannte. Und alles, was ich tat, geschah aus dem Bewusstsein der Fülle heraus, denn alles, was ich brauchte, war bereits da, es wurde mir ständig angeboten, ich hatte nur nicht hingesehen. Ich kam wieder bei mir selbst an. Materiell war das zunächst eher ein Misserfolg. Wie viele Kollegen fragten mich, wieso ich denn den guten Job als Kritikerin beim Rundfunk aufgab und damit auch die Chance, eine einflussreiche Stimme im Literaturbetrieb zu haben. Ich hatte keine rechte Antwort. In bestimmter Hinsicht könnte man sagen, wie dumm. Aber diese Sicht war so viel enger als das, was sich mir jetzt bot; ich hole mir bis heute das Abenteuer des Werdens zurück, das größte aller Abenteuer. Und ich habe diesen Schritt nie bereut. So wie ich überhaupt noch nichts in meinem

Leben bereut habe, alles ist Teil des Entfaltungsprozesses, alles. Je bewusster diese Reise wird, desto kostbarer werden einem ihre Stationen und darin liegt vielleicht das größte Geschenk dieses Weges, jeder Tag wird kostbar, jeder.

In der Wahrnehmung all dessen liegt eine weitere Möglichkeit, sich und seine eigene, seine tiefere Geschichte noch mehr zum Ausdruck zu bringen.

Das machte mir der Brief einer Seminarteilnehmerin deutlich. Sie war im Jahr zuvor zu mir gekommen, ihr ging es gut, sie hatte viele Freunde, eine schöne Wohnung und einen Beruf, den sie liebte. Allerdings spezialisierte sich die Kanzlei, in der sie als Anwältin arbeitete, zunehmend in eine Richtung, die ihr nicht lag, und ein leises Gefühl der Unzufriedenheit schlich sich ein. Ist es das jetzt? Werde ich immer so weitermachen? Diese und ähnliche Fragen beschäftigten sie genauso wie das Gefühl, trotz allem, was sie besaß, nicht wirklich glücklich zu sein.

Ich hatte damals die Seminarteilnehmer aufgefordert, sich jeden Abend zehn Punkte zu notieren, die sie vom jeweiligen Tag bewahren wollten. Wertfrei, Kleinigkeiten, die ihnen aufgefallen waren, Erkenntnisse, Beobachtungen, mehr nicht. Und nun schrieb mir diese Seminarteilnehmerin, sie habe diese Übung fortgesetzt, ein Jahr lang habe sie jeden Tag die »zehn Dinge« aufgeschrieben. Das habe ihr Leben verändert. Sie sei ein glücklicher Mensch, es ginge ihr gut, ein neuer beruflicher Plan habe sich in dieser Zeit langsam entfaltet, aber das sei gar nicht das Wesentliche. Die Tatsache, dass sie um sich schaue, dass sie sich diese geradezu lächerlichen drei Minuten am Abend gönne, länger brauche sie dafür nicht, das allein habe einen Wandel herbeigeführt, den sie nicht anders beschreiben könne: Sie sei ein glücklicher Mensch geworden. Das Leben sei schön, auch an den Tagen, an denen es ihr mal nicht so gut ginge, schließlich lebe sie, sie lebe ihr eigenes Leben.

Es ist ein eigenartiges Phänomen, dass die Wahrnehmung der Fülle zu einer Feinjustierung unseres Lebenswunsches führt. Etwas will immer genauer werden, eindeutiger, klarer.

Impuls

Auch Sie fordere ich zu der »**Übung der 10 Dinge**« auf. Schreiben Sie sie stichwortartig und schnell untereinander, zehn Dinge, die Sie vom heutigen Tag bewahren wollen. Es sollte wirklich schnell gehen und eine Aufzählung werden, also:

1. Die grün lackierten Fingernägel der Bäckereiverkäuferin,
2. der freie Platz in der S-Bahn,
3. dass meine Freundin sich endlich wieder gemeldet hat,
4. das leckere Eis am Nachmittag,
5. der Moment auf der Parkbank in der Sonne
6. …

Und dann folgt Punkt 11, der mit den Worten: »**Und dann war da noch …**« beginnt. Nun dürfen Sie ein paar Sätze ausformulieren.

Am besten Sie legen für diese Übung ein eigenes Heft (oder eine eigene Datei) an. Sie benötigen drei bis fünf Minuten Zeit dafür, nicht länger. Diese Übung zeigt ihre Ergebnisse allerdings erst wirklich, wenn man sie längere Zeit ausführt. Abends, nach dem Essen oder vor dem Einschlafen – und die Bewertung, die Gewichtung verändert sich: Der Arbeitstag mag nervenaufreibend gewesen sein, aber da war dieses kleine Mädchen, dem man den Luftballon hielt, weil es die Schnürsenkel zubinden musste. Und schon weiß man wieder, was einem wichtig ist und wo es langgeht.

Für jetzt gleich bekommen Sie auch noch eine Übung. Dieses Kapitel erzählt auch davon, dass wir die eigene Geschichte mehr und mehr entdecken, wenn unser Gespür für das, was uns wirklich wichtig ist, sich immer deutlicher bemerkbar macht. Es geht auch um Präferenzen. Und da wir Co-Autoren unserer Geschichte sind, sind auch wir es, die diese Präferenzen setzen. Wir setzen die Maßstäbe, an denen wir unser Glück messen.

Gehen Sie an Ihren Schreibplatz, stellen Sie sich etwas zu essen und zu trinken an die Seite, zünden Sie eine Kerze an und in Ihrem Inneren Ihr Licht, lassen Sie es leuchten und schreiben Sie:

»Was mir wirklich wichtig ist.«

Schreiben Sie, solange Sie mögen, und heben Sie den Text gut auf. Mit solchen Texten schreiben wir uns immer tiefer ins Leben ein, in die Universität des Lebens. Sie sind jetzt im Masterstudiengang. Sie geben Ihrem Leben Richtung.

Merken Sie sich dieses wunderbare Gefühl, das entsteht, wenn Sie sich sagen, was Ihnen wirklich wichtig ist. Es trägt besser als alles andere.

Von der Heilkraft des Mit-Teilens

In den USA habe ich auch meine erste »Sturmlesung« gehalten. Dem mich einladenden Professor war aufgefallen, dass es in all meinen Büchern Stürme gibt, und so bat er mich, einen Leseabend zu gestalten, an dem wir für die Opfer von Hurrikan Katrina sammeln konnten. Ich muss zugeben, dass mir diese Lesung sehr viel Spaß gemacht hat. Etwas im eigenen Werk zu entdecken, das einem bisher selbst nicht aufgefallen ist, bestätigt die Erkenntnis, dass wir tatsächlich Neues schaffen im Schreiben. Einen tiefen Grund in meiner Biografie gibt es allerdings, hatte ich doch als Kind auf der Karibikinsel Barbados einen Hurrikan erlebt, man kann auch sagen überlebt. Nie werde ich vergessen, was mich am meisten beeindruckte. Es war nicht der Sturm selbst, sein Brausen und Toben, die gigantischen Wellen, die an die Fenster schlugen im Hotel hoch oben auf den Klippen, die Schreie der angstvollen Menschen, das Brüllen der Tiere, das Wimmern der Kinder. An der Hand meiner Schwester, die mich damals hielt, beeindruckten mich am meisten die drei Arten der Stille: die Stille vor dem Sturm, die Stille im Sturm, die Stille nach dem Sturm. Alle drei Arten hatten jeweils einen sehr eigenen Klang, den ich noch heute hören, besser gesagt: wahrnehmen kann, denn ich nahm die Stille mit dem Körper wahr, nicht mit den Ohren. Die Stille vor dem Sturm zog den Körper zusammen, sie wickelte ihn in ein Gewebe aus Angst, das aus jeder Körperzelle die Luft herauszog, so schnürte diese Stille die Seele zu und im Ohr klang es wie ein Dröhnen, je ruhiger es wurde. Und es wurde ruhig, der Wind legte sich, die Hitze flirrte, die Tiere verkrochen sich und das Meer zog sich zurück.

Die Stille im Sturm – sie stand wie ein Dom aus Angst über uns. Im Auge des Hurrikans, das über der Insel lag, war sie eine nach oben gezogene Stille, sie dröhnte im Kopf. Manche der Touristen, mit denen wir in dem felsenkellerartigen Raum den Sturm aussaßen, machten sich vor berechtigter Todesangst in die Hose, die Stille bekam einen Geruch, sie roch nach Schweiß und Urin.

Und dann war der Sturm vorüber, und es folgte die Stille danach. Beim Öffnen der Tür wehte sie in den Angstraum hinein. Ein Blechfass der Limbokapelle schepperte über die Veranda, in der Luft war ein weiches Summen, eine Frische und eine so zarte Traurigkeit, die über den Tierkadavern am Strand lag und über den Menschen auf der Straße und all den geknickten Palmen, Blüten, Blättern und den zerstörten Hütten. Und in den Augen der Menschen mischte sich diese Traurigkeit mit dem Staunen über das Wunder: Wir leben noch!

So sehr dies meine Geschichte ist, so sehr ist es eine Geschichte aller Menschen, denn was einer von uns erlebt, das erleben wir alle. Wenn wir es erzählen, teilen wir es. Teilen wir, sind wir nicht mehr allein damit. Das erleichtert die Last, die wir meinten, allein auf unseren Schultern tragen zu müssen. Und für den, der diese Geschichte hört, wird sie zum Trost, sie verwandelt sich, denn der Hörende oder Lesende stellt ebenso fest, dass er mit seinem Kummer nicht allein ist, mit seiner Todesangst, seinem Lebenswillen, seinem Versagen, wenn er sich vor Angst in die Hose macht. Es ging anderen auch so, wir sind nicht allein.

In einer Kultur, die das Individuum, die Persönlichkeit, als höchstes Gut feiert, dient das Geschichtenerzählen mittlerweile oft einzig und allein der Selbstbestätigung: Je mehr und je angeblich einzigartigeres wir erlebt haben, desto individueller erscheinen wir, und je individueller, umso besser. Um uns zu verstehen, muss man wiederum unsere Geschichte kennen, und deshalb erzählen wir sie noch mal und noch mal und am Ende glauben wir, dass wir diese Geschichte sind: das arme Kind zum Beispiel, das mit einer Reihe englischer Touristen einen Hurrikan im Keller eines Luxushotels überlebte. Wer seine Geschichte auf diese Art und Weise erzählt, setzt sich einer großen Gefahr aus, nämlich der der Selbstinszenierung. Alles Erlebte dient dann einzig der Bestätigung: Man ist, was einem geschah, und so wird aus erlebter Geschichte Schicksal. Definiert man sein Leben als Schicksal, hat man die Tür zum Raum der Möglichkeiten hinter sich zugeschlagen.

Wir sind aber viel mehr als das, was sich an uns ereignet. Sie, die dieses Buch hier lesen, wissen es schon. Sie kennen Ihren Sommerort der Seele bereits, jenes Gefühl, ganz und heil zu sein, jenen Ort in sich, den man aufsuchen kann, egal, was einem geschieht. Viele Menschen kennen den sicheren Ort in sich nicht. Sie bilden eine Identität heran, in der sie sich und anderen hundertfach erzählen, wer sie sind und warum das so ist und immer so sein wird. Aber dann geschieht etwas Unerwartetes und der Betroffene weiß nicht mehr, wer er ist. Die Identifikation mit der Firma, dem Job oder der Familie, mit der Rolle führt allzu oft in die Enge. Da ist die Mutter dreier Töchter, die alles tut, damit es ihnen gut geht. Als Kind hat sie solch eine Mutter vermisst und nun will sie das Gegenteil sein und sieht das als ihre Bestimmung an. Aber dann nimmt eines der Mädchen sich das Leben, was nun? Wer ist sie nun? Ich hatte sie im Seminar vor mir sitzen. Mit Nachdruck erzählte sie davon, dass ihr Verständnis von sich selbst dies der guten Mutter sei. Fest wie in einen Kokon hatte sie sich in ihre Geschichte eingesponnen. Jetzt aber brach der Kokon auf, denn sie berichtete, was ihr Trauriges widerfahren war. Und dieses Mal galt das Erzählte nicht der Selbstdefinition, nein, sie erzählte, um ihren Schmerz zu teilen. Unter der Identität der perfekten Mutter und Hausfrau kam eine verletzliche, verletzte Frau zum Vorschein. Wie viel differenzierter wurde ihre Geschichte nun. Und alle in der Runde nahmen Anteil, als sie erzählte. Es war genau jene Anteilnahme, die nur geschehen kann, wenn man wirklich teilt, die ihr half, sich und das, was geschehen war, in einer größeren Dimension zu finden und zu entdecken. In gewisser Hinsicht erlöste es sie aus ihrer allzu engen Fixierung auf ihre vermeintliche Lebensgeschichte. Und geschehen konnte dies, weil die Zuhörenden ihr antworten konnten, weil sie teilnehmen konnten und ihre Sicht der Dinge ihr mitteilen konnten. Zuvor wäre dies gar nicht möglich gewesen, ihr Bild von sich, ihre Story über sich saß viel zu fest. Niemand wäre durchgedrungen. Jetzt, so schmerzlich es war, entdeckte sie den Raum darin. Es war der Raum, in dem auch die Trauer angemessen stattfinden konnte. Sie schrieb Briefe an ihr totes Kind, sie schloss es in den Prozess des Teilens und sich Mitteilens ein. Sie schreibt diese Briefe bis heute, damit hat sie einen Weg gefunden, das Erlebte zu verarbeiten und Abschied nehmen zu können.

Menschen, die solch tiefe Einschnitte in ihrer Biografie haben, gehen oft verwandelt daraus hervor. Es mag seltsam klingen, aber das Vertrauen ins Leben wird größer, nachdem man erfahren hat, dass man das Leben nicht kontrollieren kann. Und genau damit, mit dieser Erfahrung, ist man nicht allein.

Die eigene Geschichte zu erzählen dient beidem: der Selbsterkenntnis und dem Teilen, dem Ab- und Weitergeben der Geschichte. Dieses Teilen sorgt dafür, dass sich die Selbsterkenntnis in einen größeren Zusammenhang einbettet. Genau dadurch erhält die Geschichte wieder jenen Raum, der ermöglicht, dass sie Stoff bleibt, den man bearbeitet, und kein Korsett wird, das einem die Luft zum Atmen nimmt.

Je mehr wir begreifen, dass Geschichten erzählen nicht allein das Verengen auf den Einzelfall ist, sondern das Teilen des Einzelfalles, desto durchlässiger werden diese Geschichten und desto durchlässiger und freier werden wir. Das setzt allerdings voraus, dass wir wissen und uns immer wieder bewusst machen, dass das, was uns geschieht, allen geschieht.

Nicht umsonst sind Religionen aus Erzählungen entstanden, hier in der Religion, sind wir rückverbunden, was »religio« ja heißt. Und wenn Jesus in der Bibel davon spricht, dass das, was man einem der seinen tue, auch ihm getan werde, so bedeutet dies auch, dass alles, was wir tun und erleben, geteiltes Tun und Erleben ist, und der Weg des »Sich ins Leben schreiben« ist ein Weg des Teilens. Was wir entfalten, teilen wir mit der Welt, und wenn wir, was diese Entfaltung beengt hält, beiseiteschaffen, dann dient dies der Welt. Menschen, die sich entfalten, die ihre engen Ich-Erzählungen verlassen, weil sie den Raum darin entdecken, den größeren Zusammenhang, können sprichwörtlich über sich hinauswachsen.

Wie wichtig dieser Vorgang des Teilens ist, habe ich im Jahr 2013 mit Nachdruck erlebt, als im Fernsehen die dreiteilige Serie »Unsere Mütter, unsere Väter« lief. Ich musste Zusatzseminare im biografischen Schreiben anbieten, derart groß war die Nachfrage, denn die zuschauenden »Kinder« hatten in den dargestellten Lebensgeschichten der Kriegsgeneration ihre eigenen Mütter und Väter erkannt und in deren Schicksalen die Folgen für ihr eigenes Leben gesehen. Was hier ausgesprochen, was hier erzählt wurde, ließ zunächst bei vielen älteren Zuschauern Erlittenes wieder wach werden. Doch indem man die eigenen Erlebnisse auf dem Hintergrund der Zeitgeschichte sah, weitete sich das Verständnis. Was hier endlich ausgesprochen wurde, eröffnete vielen Menschen die Möglichkeit, die Eltern noch einmal neu zu betrachten. Ihre Kälte, ihre Strenge, ihr unbedingtes Vergessenwollen, ihr Schweigen – endlich konnte man es in einem neuen, in einem anderen Licht sehen. Es ermöglichte Verständnis für die Unzulänglichkeiten dieser Generation, es ermöglichte Zugang zum Unausgesprochenen, das sich als Verhaltensmuster in der nachfolgenden Generation festgesetzt hatte. Die immer wiederkehrenden unergründbaren Ängste und Selbstzweifel – es ließen sich Gründe dafür finden in der bis dato unerzählten und somit unerlösten Geschichte der Eltern, die zur Geschichte der Kinder wurde. Zu wie viel Erleichterung führte dieses Teilen und Mitteilen. Aus der geteilten Erzählung wurde geteiltes Leid, aus diesem heraus wuchs ein Verstehen und im Verstehen oftmals das erlösende Vergeben.

Menschen, die unter dem Aspekt des Teilens ihre Lebensgeschichte aufschreiben, erleben oftmals eine derartige Befreiung, dass sie sprichwörtlich ein neues Lebensgefühl haben und ein neues Leben beginnen. Sie sind geheilt, sie haben ihre Geschichte geteilt und damit abgegeben. Eine dieser Geschichten liegt vor mir auf dem Tisch, gebunden in schwarzem Leinen. Zwei Jahre hat die Frau daran gearbeitet. Sie, ich möchte sie Gisela nennen, Jahrgang 1942, hatte ihren Vater nie wirklich kennengelernt, nur die Leerstelle, die er bildete, die über der gesamten Kindheit schwebte und bestimmend für sie war. Der Vater war aus der Gefangenschaft nicht zurückgekehrt, dennoch hatte er das Leben der Familie beherrscht: er war als Abwesender anwesend.

Erst im Alter, als Gisela pensioniert war, konnte sie zulassen und sich eingestehen, dass etwas in ihr nicht geheilt war, dass es eine Wunde gab, die es zu betrachten galt. Sie machte sich auf die Suche nach dem nie erlebten Vater, der als Offizier an der Ostfront gekämpft hatte. Sie ging in Archive, fuhr dorthin, wo er eingesetzt gewesen war und schließlich auch an den Ort, wo sich das Lager befunden hatte, in dem er als Kriegsgefangener starb. Was sie dort fand, war nicht der Vater, sondern Versöhnung. Sie fand Menschen, die ihr bei der Suche halfen, die Verständnis für ihre Fragen und ihr Insistieren hatten, wenn sie keine Antwort fand. Sie fand Menschen, die wie sie am Krieg gelitten hatten – für den Vater waren sie der Feind gewesen. Sie schloss Freundschaften, ihr wuchs schlussendlich eine neue Familie zu aus denjenigen, die ihr auf ihrer Heil-Reise geholfen hatten. Giselas Geschichte liegt vor mir, 200 Seiten. Es geht ihr nicht um eine Veröffentlichung, schreibt sie mir. Wenn es andere lesen, freut es sie. Ihre Absicht aber war eine andere und es habe sich eingestellt: Sie sei erlöst, sie habe Frieden gefunden. Nun kann sie sich neuen Themen zuwenden.

Erzählen wir unsere Geschichte, nicht, um uns zu rechtfertigen, sondern um uns zu entdecken, dann führt dies zur Heilung. Immer wieder habe ich dies erfahren, insbesondere auch bei den von Inzest und Missbrauch Betroffenen, die wegen meiner Bücher in meine Seminare kamen und kommen. Diese Art Sturm zu erzählen ist wahrhaft schwer. Und hier ist es besonders wichtig, den Unterschied deutlich zu machen: Man ist nicht das, was einem angetan wurde. Man hat es erlebt. Das ist etwas anderes. Um dies zu begreifen, ist es so wichtig, sich zunächst als Mensch mit all seinen Möglichkeiten zu begreifen, mit dem, was in uns ist, mit dem, was durch uns in die Welt will. Wer so erzählt, kann sich von der Haltung des Opfers lösen und zum Zeugen des Geschehens werden. Man bezeugt durch seine Erzählung, was geschah, was man erlebte. Aber man ist nicht das Erlebte. Auch in der Traumatherapie spielt diese Art der Zeugenschaft eine immer größere Rolle: Erzählend wird man Zeuge der eigenen Geschichte, schreibend wird man zum Schöpfer der Geschichte. Man gestaltet sie. Und dadurch setzt man sie frei. So entsteht Abstand zwischen dem, was uns geschehen ist, und dem, was wir jetzt, hier und jetzt und heute sind.

Noch einmal: Um dies zu können, ist es wichtig, sich erst zu stärken mit allem, was man schon erreicht hat, mit den eigenen Wünschen, die man sich gestattet, mit all dem, was gut war im Leben. Erst dann sollte man erzählen und auch erst dann sollte man zum Erzählen auffordern! Erst stärken, dann teilen. Und begreifbar machen, was teilen heißt: abgeben und freigeben.

Erst so wird man zu dem, was ich gerne »Co-Autor der Geschichte« nenne. Man erzählt mit Augenmerk auf die Geschichte, nicht auf die Persönlichkeit. Und dann lässt man die Geschichte wirken. Auf diese Art kann es geschehen, dass Menschen, die ihre Biografie schreiben, ihre Biografie zugleich verlassen. Sie stellen sie als Allgemeingut zur Verfügung, ein Akt der Befreiung, der für Klärung gesorgt hat und für Heilung, vor allem aber für das aktive Erleben davon, dass wir mehr sind als unsere Geschichte. Wir sind der Raum, den unsere Geschichte umgibt und umschreibt. Ich persönlich halte diesen Raum für das Göttliche, in ihm ist alles Gewesene und alles Kommende, und darum herum entsteht eine der vielen Ausdrucksformen jenes großen Geheimnisses, das Entstehung heißt und das ich Gott in all seinen Namen nenne. Nennen Sie es, wie Sie mögen. Ein einziges Gedicht beweist, dass es da ist, ein einziges Musikstück, ein einziger Vogel, eine Rose, jeder Mensch, ja, jeder, auch die Schwierigen unter uns, wir alle beweisen es, es ist das Zentrum inmitten unserer Geschichte, das Auge des Hurrikans mit Namen Leben, in ihm ist Stille und Kraft.

Impuls

Virginia Woolf legt in ihrem genialen Essay »Ein Zimmer für sich allein« dar, dass das Genie nicht aus sich selbst heraus existiert. Eine ungewöhnliche These für eine Schriftstellerin, sie entspricht aber exakt dem Weg der Selbstentfaltung: Einzigartigkeit entsteht in Verbundenheit, durch Teilen und Mitteilen, nicht, wie es immer heißt, durch Abgrenzung. »Denn Meisterwerke sind keine einsamen Einzelleistungen«, schreibt Virginia Woolf, »sie sind das Ergebnis vieler Jahre gemeinsamen Nachdenkens, des Nachdenkens der Gesamtheit der Menschen, sodass hinter der einzelnen Stimme die Erfahrung der Masse steht.«[13]

Vielleicht möchten Sie darüber nachdenken? Ihr Schreibzeug herausholen, sich Zeit nehmen und über dieses Thema nachdenken und schreiben:

»Teilen und sich mitteilen«

Seit eh und je hat die Menschheit ihre größten und tiefsten Erkenntnisse in Form von Geschichten weitergegeben. Menschen haben sich mit und durch ihre Erzählungen definiert und sich erzählend aus diesen Definitionen wieder befreit. Hier kommt deshalb noch eine längere Aufgabe für Sie, mit der Sie diesen Prozess nachvollziehen können.

Nehmen Sie sich dazu ausreichend Zeit. Schreiben Sie der Reihe nach jeweils, was Ihnen zu dem Thema in den Sinn kommt. Versuchen Sie, nicht zu werten, erzählen Sie einfach nur:

»Die Geschichte, die ich habe ...«

»Die Geschichte, die ich bin ...«

»Als beides zusammenkam ...«

Nehmen Sie sich einen Tag Auszeit davon und dann lesen Sie alle drei Texte noch einmal durch. Anschließend schreiben Sie mit so viel Zeit, wie Sie dafür brauchen:

»Wer ich werde …«

Heben Sie sich auch diesen Text gut auf. In Momenten des Zweifels, die kommen werden, und in den Momenten von Not und Verzweiflung, in denen Sie selbst Ihren in sich gefundenen sicheren Ort nicht zu finden meinen, können Sie diesen Text hervorholen, er wird Sie führen, glauben Sie mir. Ich hatte Momente großer Not im Leben, tiefe Einschnitte, meine eigenen Worte leiteten mich immer wieder.

Wir schreiben uns im Voraus ein, wir schreiben uns ins Leben ein und es antwortet uns. Die Fragen, die wir noch stellen werden, haben wir schreibend schon beantwortet. Früher fanden die Menschen die Antworten noch in ihren Träumen, Antworten auf Kommendes. Heute träumen wir die Antwort im Schreiben. Schreiben Sie! Schreiben Sie jetzt!

Der Durchbruch – wenn alles »shaky« wird

Gibt es ihn, den Durchbruch, gibt es ihn wirklich? Oder ist nicht alles Entfalten ein stetiger Prozess? Ist das, was wir mit dem Durchbruch meinen, das Ankommen an dem Ort, an dem wir endlich und endgültig ganz und gar wir *selbst* sein dürfen, *sein* dürfen? Dass dieser Zustand sich anders anfühlen muss als alles bisher Erlebte und Gekannte, ahnen wir. »Ich selbst *sein*« ist mehr und anders als »Ich selbst *werden*«. Das nehmen wir zumindest an.

Dieses Sein – wie fühlt es sich an, wie schmeckt es, wer sind wir im Sein?

Ja, wir bekommen immer wieder einen Vorgeschmack davon, dann sind wir im Flow oder, wie ich es nenne, eins mit dem Entfaltungsprozess, doch wir fallen auch immer wieder heraus aus diesem Zustand. Geht es nicht anders? Ist der Durchbruch ins immerwährende ganz Bei-sich-Sein eine Illusion, die als Realität nur den wenigen Erleuchteten vorbehalten bleibt? Ich zögere, da ich dieses Kapitel schreibe, mir erscheint das Versprechen plötzlich als zu groß. Und wenn es ihn gibt, zumindest eine Art Durchbruch, wie weiß man es dann, dass er bevorsteht und wie fühlt er sich an, nicht das Danach, sondern das Geschehen selbst?

Einmal hatte ich einen Astronauten im Seminar. Zwar war er nicht selbst im Weltraum gewesen, hatte aber die Ausbildung absolviert, die Erfahrung der Schwerelosigkeit ausgiebig gemacht und als Wissenschaftler am Deutschen Raumfahrtinstitut gearbeitet. Wir freundeten uns an und so erzählte ich ihm eines Tages davon, dass ich mich in einem sehr merkwürdigen Zustand befand, den ich so noch nicht kannte. Es fühlte sich zu der Zeit in meinem Leben alles auf seltsame Weise wirr, fragwürdig, durcheinander an. Irgendwie schien gar nichts mehr klar zu sein, weder im Leben noch im Schreiben, weder im Kopf noch im Körper. Ich hatte keine Ahnung, was das war, ich kannte Widerstand und ich kannte Selbstzweifel, ich kannte Schicksalsschläge, aber dies war neu, fremd und unangenehm. Später wurde mir klar, dass mir diesen Zustand auch andere Künstler beschrieben hatten, er taucht plötzlich inmitten einer Arbeit auf und erzeugt weiter nichts als Ratlosigkeit. Im Wesentlichen erscheint mir der beschriebene Zustand aber als Erfahrungsraum des heutigen Menschen aufzutauchen, und zwar gerade bei denen, die an sich arbeiten, die etwas zum Positiven verändern wollen und wissen, dass sie dies nur können, wenn sie ihr eigenes Bewusstsein erweitern. Man könnte diesen Zustand als eine Art orientierungsloser Panik umschreiben. Davon versuchte ich dem Astronauten zu erzählen. »Keine Krise, kein Problem und auch nicht Verzagtheit oder Lustlosigkeit«, sagte ich, »es ist einfach nur alles durcheinander.«

Er musste lauthals lachen. »Weißt du was«, sagte er, »bei Raketen ist es auch so.« Und dann erzählte er mir, dass man bei den ersten Versuchen mit Raketen im All völlig überrascht und auch überfordert war, von etwas, mit dem niemand gerechnet hatte. Kurz bevor die Raketen die Erdatmosphäre verließen, geriet alles durcheinander und zwar auf eine unvorhersehbare und nicht nachzuvollziehende Art und Weise. Alle Werte und Berechnungen stimmten einen Moment lang nicht mehr und die Wissenschaftler auf der Erde konnten nur fassungslos ihrem Experiment weiter folgen und abwarten, was passieren würde.

Er schaute mich an und lächelte, »kurz vor dem Durchbruch wird alles shaky«, sagte er. »Und da bist du und nirgends sonst.«

»Und was hilft da?«, fragte ich.

»Weiterfliegen.«

Wie schön, dass man in der Not eben doch immer eine Antwort bekommt, dachte ich damals, denn diese Beschreibung half mir ungemein. Sie war anders als das, was ich bisher gehört hatte.

Dass ich der Theorie, dass der Durchbruch zum Neuen einer Krise oder einem Kampf gleichen soll, nicht mehr zustimmen kann, davon handelt dieses Buch hier. Davon, dass wir uns dennoch verloren, abgewiesen, verzweifelt und allein fühlen können, ebenso. Auch leugne ich nicht, dass es jene dunkle Nachtmeerfahrt der Seele im Laufe eines Entfaltungsprozesses geben kann und dass sich das Leben anfühlen kann, als würden wir fortwährend geprüft.

Doch all dies beschreibt nicht, wie es ist, wenn alles »shaky« wird, wenn der Durchbruch kommt. Und dass er kommt, kann ich nur schreiben, weil ich es erlebt habe, man kann erst danach davon erzählen, nie davor. Denn was man dann fühlt, hat man noch nicht gefühlt. Dieser Zustand tritt erst wirklich ein, wenn man die bekannte Atmosphäre verlässt, wenn man wirklich nicht nur auf eine andere Ebene kommt, sondern in ein anderes Element.

Am ehesten lässt es sich als eine Art verwirrtes Nichtwissen beschreiben. Wenn es beginnt, kommt Panik auf, man merkt, dass jetzt etwas geschieht, was man endgültig nicht mehr unter Kontrolle hat. Mystiker beschreiben diesen Zustand als »Nichtwissen«, er wird mit dem ruderlosen Schiff auf dem Meer verglichen, das durch den Sturm hindurchtreibt. Ich habe diesen Zustand nicht als Sturm erlebt, sehr wohl aber als Orientierungslosigkeit, zutiefst erlebter Orientierungslosigkeit. »Was ist das denn jetzt?«, auf die Frage kommt keine Antwort. Und im Kopf, im Körper und in allem, was man sich schon erarbeitet hat, im gesamten Erfahrungsraum sucht man nach Erklärungen für das, was vor sich geht, um zu begreifen, um zu verstehen und um herauszufinden, ob man etwas tun muss, und alles, alles hilft nicht. Es kann nicht helfen, denn man tritt in einen neuen Raum ein, mit dem man noch keine Erfahrungen hat.

»Kann die Rakete umkehren?«, fragte ich meinen Astronauten.

»Nein«, lächelte er, »der Prozess läuft ab.«

»Und was geschieht schlimmstenfalls?«

»Die Rakete verglüht und stürzt ab.«

»Und bestenfalls?«

»Sie durchstößt die Erdatmosphäre.«

»Dauert es lange?«

»Nein«, antwortete er.

Ich glaube, dass es bei uns Menschen anders ist. Dieser Zustand kann sehr wohl länger dauern, ich glaube, wie bereits erwähnt, dass er kollektiv auftritt, viele von uns sind in diesem Zustand. Und weil wir eben doch Menschen sind und keine Raketen, versuchen wir, aufzuhalten, was letztlich nicht aufzuhalten ist. Und reden uns plötzlich mit aller Macht ein, dass wir doch gar nicht weiterfliegen müssen: Es ist doch gerade endlich einmal alles gut. Wir haben doch schon so viel erreicht und das stimmt ja auch. Wir haben uns ein schönes Bett bereitet, in dem wir liegen und liegenbleiben können. Tun Sie das nicht! Sollten Sie dieses Gefühl deutlich spüren, dass plötzlich alles Vertraute durcheinanderkommt, dass es sich fremd und anders anfühlt, dass etwas auf unbekannte Art und Weise an Ihnen rüttelt, dann drehen Sie sich bitte nicht um und ziehen die Decke über den Kopf. Sie sind nämlich wirklich schon ganz weit, gehen Sie einfach weiter, lassen Sie es zu, Sie werden in diesem Zustand sogar »gegangen«, aber Sie dürfen sich nicht umdrehen, dann hört es auf. Zumindest für eine lange Zeit. Bleiben Sie wach und lassen Sie es geschehen, das ist alles, was ich dazu sagen kann.

Das alles mag sich beunruhigend anhören, ich glaube aber, dass es das ist, wonach wir uns in Wahrheit sehnen. Dass alles durcheinander kommt, durch-ein-ander. Durch das Eine werden wir das Andere.

Es fühlt sich zugegebenermaßen zunächst nicht gut an, so war es zumindest bei mir. Mir half es aber zu wissen, dass ich sozusagen eine Rakete auf der Reise in andere Welten bin. Und die Rakete geht nach dem Durchbruch nicht kaputt, sie ist immer noch eine Rakete, sie hat dann nur etwas abgestoßen, was sie nicht mehr braucht, was ihr bis zu einer gewissen Stufe gedient hat, aber dann musste es von ihr abfallen, nicht nur, um höher steigen zu können, sondern um sich in diesem neuen Raum auch bewegen zu können. Man wirft Ballast ab, wenn man steigen will.

Und wollten wir dort nicht hin? Ins Neue und Offene? Wohin uns Hölderlin schon rief: »Komm ins Offene, Freund!« Komm ins Offene, Freundin!

Wir gehen weiter, der Zustand geht vorbei und wir verglühen nicht, und wenn schon, dann gibt es ein hübsches Feuerwerk, einfach weitergehen, dort im Offenen finden wir die neuen Träume. Dort wartet die neue Spur, der wir folgen. Die wirklich neuen Träume träumen wir vorher nicht. Es gibt einen Durchbruch, aber nur um den Preis des »shaky«-Werdens.

Haben Sie keine Angst davor, es ist der Übergang zu einem neuen Lebensgefühl, zu einer anderen Art des »In-der-Welt-Seins«. Ich glaube, was von uns abfällt, ist die Angst, zumindest eine große Portion davon. Damit wir Mensch bleiben, behalten wir dann immer noch ein kleines Stück zurück.

Impuls

Nun sind Sie wieder dran und ich gebe Ihnen keine Übung, ich fordere Sie lediglich auf, sich Notizen zu machen zum soeben Gelesenen. Kennen Sie das beschriebene Gefühl? Spüren Sie in sich hinein, ich bin sicher, dass wir es an dem Punkt, an dem wir nun bereits sind, alle kennen. Es ist dem Prozess der Selbstentfaltung immanent.

Erinnern Sie sich, was ich anfangs schrieb? Freiheit birgt Risiko und ist nur um den Preis des Risikos zu haben. Sie sind auf dem Weg zu etwas, das Sie noch nicht kennen und als Sehnsucht dennoch in sich tragen, und Sie sind an einem Punkt, an dem es nur noch eines kleinen Schrittes bedarf. Diesen zu wagen, erfordert, dass Sie den Prozess selbst zulassen. Es erfordert Vertrauen, noch immer eine der anspruchsvollsten Übungen.

Wenn Sie es tun, lassen Sie zu, auf eine Weise verletzlich zu werden, für die Sie noch keine Schutzmechanismen entwickelt haben. Und Sie lassen zu, eine Kraft kennenzulernen, die Sie bis dato noch nicht kannten, jene, die Sie auf die nächste Ebene katapultiert. In einen neuen Raum.

Es gibt Zustände, die wir noch nicht erlebt haben, das Leben ist unberechenbar, es ist »shaky«. In diesen Zuständen ist das Leben am lebendigsten. Haben Sie keine Angst vor der Lebendigkeit, sie ist das, was Sie erleben wollen. Unser Selbst will Lebendigkeit leben. Unser Sein ist Lebendigkeit. Nehmen Sie das Thema auf …

Sich ausdehnen in einen neuen Raum

Als Kind begeisterte mich ein Wort, das heutzutage beinahe altbacken klingt: »Raumfahrer«. Lange habe ich daran nicht mehr gedacht, aber die Begeisterung ist immer noch da. Damals gab es Kosmonauten, die Sowjets, und Astronauten, das waren die Amis. Der Kalte Krieg fand auch in der Sprache statt, aber Raumfahrer, so dachte ich, das mussten andere Wesen sein. Noch heute verbinde ich mit diesem Begriff die sprichwörtlich gewordenen unendlichen Weiten dessen, das man Weltall nennt. Genau dies war mein zweites Lieblingswort: »Weltall«. Die Welt war also das All, ein ungeheurer Gedanke. Das Weltall war alles und die Welt dann wohl ein Teil von allem. Die Vorstellung, die Erde in einem eigens dafür gefertigten Anzug verlassen zu können, in einem anderen Raum zu schweben, hat mich mit ungeheurem Glück erfüllt. Es war definitiv ungeheure Leichtigkeit möglich, es war möglich alles, wirklich alles, hinter sich zu lassen, die gesamte Erde, und dabei nicht zu sterben – der klassische Weg –, sondern weiterzuleben.

Ebenso erinnere ich mich daran, wie die ersten Bilder von unserem blauen Planeten mich erschüttert haben, und nicht nur mich, sie haben uns alle erschüttert in ihrer unbeschreiblichen Schönheit: Diese wunderschöne blaue Kugel, die sich aus irgendeinem geheimnisvollen Grund durch den schwarzen Weltraum dreht und nirgends hinwegfällt, sondern schwebt, in etwas, das wir nicht verstehen. Denn alle Ausführungen über physikalische Gesetze können den Eindruck, den dieses Bild vermittelt, nicht wirklich erklären: Es ist ein Zauber, Magie – eine schwebende Kugel, die lebt, in der unendlichen Weite des Raums.

Es ist jene Weite, die wir als unseren Sommerort der Seele erleben können und die ich als Kind auf dem Feld erlebte, wenn ich im Weizen lag, den Mond machte und in den Himmel schaute. Dann war ich geborgen und frei in einem. Etwas hielt mich, fing mich auf und ich konnte zugleich alles hinter mir lassen. Allerdings: Ich spürte und erfuhr auch, dass dies bei anderen Menschen nicht so war, dass und wie sie in der Enge feststeckten, und in der Enge war der Übergriff und im Übergriff die Gewalt und auch die Grenzenlosigkeit der Gewalt war dort zu Hause. Grenzenlosigkeit der Gewalt führt in die Zerstörung, wenn man sich aber völlig loslöst, wenn man in eine andere Dimension tritt, kann man frei und lebendig werden, das war die Lehre, die ich daraus für mich zog. Das ist sie noch heute.

Es ist dasselbe, das jemand ausdrückt, wenn er sagt: »Ich wurde ein anderer Mensch«, oder: »Ich bin eine andere geworden.«

Natürlich, da ich dies schreibe – und wie ich es schreibe, ist ein Beleg dafür –, bin ich auch immer noch die, die all dies als Kind dachte oder fühlte bzw. heute meint, sich zu erinnern, all dies so gefühlt und gedacht zu haben. Aber es ist dennoch so, dass ich auf dieses Kind, das ich einst war, schaue und ebenso schaue ich auf meine Geschichte als eine, die mir zwar geschehen ist, die ich aber heute nicht mehr bin. Und das ist das Wunderbare daran, wenn man sich ins Leben schreibt, tiefer und immer tiefer, dass wir tatsächlich in eine andere Dimension kommen, auf eine andere Stufe, wie es vielleicht Hermann Hesse gesagt hätte, oder auf eine andere Umlaufbahn, wie es Rilke formulierte. Wir sind noch wir, aber wir lösen uns zunehmend aus der engen biografischen

Schicht, aus der Bestimmung unseres Ichs durch das, was uns widerfuhr, aus der Prägung, aus unseren Tätowierungen. Wir schreiben uns in das neue Leben ein. Und das ist Heilung!

Und es ist ein Prozess, der ab einer bestimmten Stufe nicht mehr aufzuhalten ist, den wir zwar mit aller Macht bzw. innerer Verweigerung auszubremsen versuchen können, aber irgendwann geht auch das nicht mehr. Und auf dieser Stufe sind Sie jetzt, wenn Sie mit mir durch dieses Buch gegangen sind. Wenn Sie »shaky« geworden sind, wenn Sie sich dem Wunsch nach Freiheit gestellt haben, wenn Sie auf Ihrem Weg ins Offene sind, dann entsteht eine Eigendynamik, die unausweichlich ist. Und genau diese Dynamik erleben wir auch im kreativen Prozess. Irgendwann ist das Buch so weit geschrieben, so weit vorangeschritten, dass es von selbst anzeigt, wie es weitergeht. Man dirigiert dann immer weniger, man fährt einfach nur achtsam mit, in dem Gefährt, das seinen Raum erobern und schaffen will. Achtsamkeit ist weiterhin das Mittel, der Künstler ist noch mehr Dienender. Man wird Erfüllender des eigenen Werks, im übertragenen Sinn Erfüllender des eigenen Lebens. Es gilt nur noch, hinzuhorchen und hinzuschauen, was getan werden muss, was geschrieben werden muss, was erledigt werden muss.

Ein Werk ist dann soweit, dass es selbst der Tod des Künstlers nicht zerstören kann. Entweder kann es ein anderer zu Ende führen, weil man die innewohnende Gesetzmäßigkeit erkennen kann, oder es kann »unvollendet« das Licht der Welt erblicken, weil sich in ihm bereits das neue Ganze zeigt.

So ist es auch mit uns, wenn wir an die Stufe, ich möchte lieber sagen, an den Übergang im Leben kommen, an dem wir sagen: Ich bin eine andere, ein anderer geworden. Wir wohnen noch im selben Haus und wir haben noch denselben alten Pullover an, aber auf nahezu unerklärliche Weise, die wir nur verstehen können, wenn wir den Prozess durchlaufen haben, sind wir neu, ganz neu. Und nicht selten: ganz *und* neu.

Ich erinnere mich an einen Top-Manager, der in eines meiner Seminare zum biografischen Schreiben kam. Er gehörte der Führungsetage eines Großkonzerns an und erzählte von einer Entwicklung, die er seit zwei Jahren durchlief. Wie es angefangen hatte, wusste er nicht, nur, dass er sich zusehends unwohl fühlte mit dem, was er machte, keinen rechten Sinn mehr darin sah und auch für sich keine Erfüllung mehr in seinen Aufgaben fand. Etwas in ihm sehnte sich nach etwas anderem, von dem er nicht wusste, was es war. Er arbeitete allerdings sehr effizient weiter. Allein, die Kollegen bemerkten die Veränderung dennoch; zusehends zeigten sie ihm, dass er nicht mehr richtig dazugehörte. Ebenso bemerkte er, dass er daran nichts ändern konnte; es fand eine Entwicklung in ihm statt, ob er wollte oder nicht. Zu diesem Zeitpunkt fing er an, zu meditieren und zu schreiben. Er schrieb Tagebuch und Geschichten und eines Tages besuchte er ein Seminar, in dem er die von mir beschriebene Tai-Chi-Übung »Der Adler öffnet die Schwingen« erlernte. Im Ausbreiten der Arme bekam er wieder und wieder das Gefühl, sich zu lösen von dem, der er war. Als die Teilnehmer jenes Seminares dann auch noch aufgefordert wurden, von einem sehr dunklen Raum in einen von Sonnenlicht durchfluteten zu gehen, wusste er beim Übertreten der Schwelle, dass es kein Zurück gab. Er war ein anderer geworden, ohne jene Leitlinien all der Erfolgsmanagements, die ihn gelehrt hatten, Strategien zu verfolgen, um Ziele zu erreichen, auch persönliche. Er hatte einfach nur schreibend seinen Wandel begleitet und ihm Raum gegeben, obwohl es nicht einfach war. Seine Familie reagierte ähnlich befremdet wie seine Kollegen. Aber als er über die Schwelle ging, war er in einem anderen Raum angekommen, nach dem er sich gesehnt hatte. Kein Raum, der als formuliertes Ziel bereits feststand, der per Definition schon einen Namen hatte, nämlich Erfolg, und der Wachstum nur kannte als etwas, das sich messen und in Geld ausdrücken lässt, sondern ein Raum, in dem er plötzlich frei gewesen sei, so berichtete er. Dennoch ging er noch eine Weile in sein Büro, vielmehr wurde er gefahren. Er ließ sich Zeit für die Umsetzung des Neuen, das dann doch sehr schnell eintrat, und natürlich kam etwas auf ihn zu, das in seinem Fall unvermeidlich war: die Kündigung. In den alten Strukturen konnte er nicht bleiben. Als ich ihn kennenlernte, war er noch auf der Suche nach neuen Aufgaben, nach dem, was ihn erfüllen konnte. Er orientierte sich noch.

Wenn wir ganz und gar wir selbst werden wollen, dann ist dies eine der wichtigsten Fähigkeiten, die es zu erlernen gilt: die Raumgebung für das Neue. Alte Verhaltensweisen greifen in neuen Dimensionen nur bedingt. Freiheit fühlt sich anfangs orientierungslos an. Es mag deshalb gut sein, einige alte Strukturen zunächst aufrechtzuerhalten. Und dann zieht uns das, was wir uns als Sehnsucht vorausgeschickt haben, hinüber ins Neue, das wir sind, weil wir es werden, wieder und wieder.

Und es ist, als würden wir uns ausdehnen, und tatsächlich tun wir es auch, wir heben die Arme und die Schwingen unserer Seele gleichzeitig an und fliegen in den Raum des Alls, wie jener mythenumwobene Vogel Garuda, der mit jedem Flügelschlag das Universum ausweitet. Es gibt diese Zustände und wir brauchen sie nicht zu fürchten; das, wonach wir uns sehnen, ist der Zukunft ja bereits eingeschrieben, erinnern Sie sich? Es sind die Erinnerungen, die aus der Zukunft kommen, die in uns als Wunsch Gestalt annehmen. Wir folgen der Spur, die wir selbst gelegt haben, selbst, aber nicht allein. Erinnern Sie sich? Sie sind nicht allein auf dem Weg, von Anfang an sind wir nicht allein.

Sie sind schon weit gegangen, schreibend haben Sie sich durch den einen in einen anderen Raum gebracht, es ist Zeit, sich einmal in Ruhe umzusehen, nicht wahr? Zeit zu würdigen, was sich alles schon bewegt hat, was Sie bewegt haben, was Sie erkannt haben, was in Ihnen und durch Sie Gestalt annimmt, was sich anders anfühlt, was Sie verstanden, was Sie begriffen haben.

Es ist Zeit, erneut Danke zu sagen. Oder wie soll man sich angesichts der Schönheit unseres sich blau und leuchtend durchs All kreisenden Planeten verhalten? Man kann doch nur Danke sagen, dass es das gibt und wir es erleben dürfen. Das Leben, immerhin, das ist schon was, oder?

Impuls

Gehen Sie an Ihren Schreibplatz, jenen Ort, den Sie, sogar ohne ihn aufzusuchen, schon in sich fühlen können, an dem es leichter ist als sonst, das Eigentliche zu fühlen und ihm Ausdruck zu geben, wo der Zugang zu Ihrem Selbst sich immer schneller öffnet, ja, oft bemerken Sie den Unterschied schon nicht mehr zwischen dem Zustand, in dem Sie das Abendessen vorbereiten, und dem Zustand, in dem Sie schreiben. Sie sind da, das ist es, das ist das Leben. Und jetzt nehmen Sie Ihr Schreibheft hervor und schreiben:

»DANKE«

Bedanken Sie sich für all das, was Sie an diesem Tag wahrgenommen haben: Dafür, dass Sie jetzt hier sitzen; dafür, dass Sie die S-Bahn noch gekriegt haben, vorhin, als Sie so gerannt sind; dafür, dass es auch im Regen schön war, durch die Stadt zu gehen.

Fangen Sie im Kleinen an, schreiben Sie alles auf. Es geht

nicht darum, was Sie erreicht haben, dies ist kein Erfolgstagebuch, es geht ums Danke-Sagen.

Und dann lassen Sie vor Ihrem inneren Auge das Bild der durch das All schwebenden Erde erscheinen und sagen Danke für all das, was Ihnen nun einfällt.

Diese Übung können Sie wieder und wieder machen und vielleicht zu einem abendlichen Ritual werden lassen, zu einer Verabredung mit der Poesie des großen Raumes, der Leben heißt, Werden und Vergehen, Tag und Nacht, Kommen und Gehen, und in den Sie eingebettet sind.

Auf unserem Weg stabilisiert das Danke-Sagen, es öffnet den Raum und es hält uns im Raum, das beruhigt ungemein. So wie das Erblicken der Erde aus der Perspektive des Alls, so wie die Geschichten vom Anfang, von unser aller Anfang, es hat etwas von Heimkehr, wenn wir Danke-Sagen. Vielleicht ist diese wunderschöne Kugel ja so gemeint, als ein einziges riesiges Danke.

Eine Aufforderung zum Spielen

Sprache ist etwas Wunderbares: Man sagt Danke und fühlt sich besser. Das ist – streng genommen – ein Wunder. Denn es ist ja im eigentlichen Sinne nichts passiert. Es ist nur ein Wort, mehr nicht. Aber in diesem Wort ist eine bestimmte Energie, etwas Öffnendes, etwas, das einen leuchten lässt, zum Strahlen bringt. Dann fragen einen die anderen: »Du strahlst ja so, was ist denn los mit dir? Bist du verliebt?«

Danke-Sagen lässt einen in den Zustand des Verliebtseins gleiten, jenen Zustand, der die Berührung mit der Welt feiert und den Genuss aus dem Berührtsein zieht, in dem man sich selbst fühlt wie sonst nie und zugleich meint, die gesamte Welt zu fühlen. Und dass man es meint, das sagen nur die Unwissenden, die Wissenden tragen die Welt in sich. Denn Verliebtsein, Liebe ist die höchste Stufe der Verbindung, jenes Wissens, dass wir alles sind und zugleich einzig und dass im Einzigsein unserer Selbst alles enthalten ist und dass es lebt, das, welches liebt, und das, was wir lieben. Liebe ist der Zustand, der kein Zustand ist, Liebe ist Bewegung, Bewegung und Licht. Auf dem Weg des »Sich ins Leben schreiben« kommt man in diesen Zustand. Man beginnt, das Leben zu lieben, sich ins Leben zu verlieben, in uns, in die anderen, in jene sich drehende Kugel, die wir vor Augen imaginieren können und die unser Herz vor Glück fast zerspringen lassen kann, vor so viel gefühlter Innigkeit für ein Wesen, das wir sind, auf dem wir sind, durch das wir sind, die Erde, das Leben, eingebettet in ein Ungeheures. Und das bringt uns und das, was wir sehen zum Glänzen, jenes, das man nicht beschreiben kann, nur mit Worten erzeugen kann, das wir aber alle kennen, schon erlebt und schon gesehen haben. Es ist da, aber es ist nicht greifbar. Und so ist Sprache. Sie ist da, aber sie ist nicht greifbar. Wenn wir schreiben, erzeugen wir nicht Greifbares, das aber da ist. Auch die Welt ist wenig greifbar, denn so sehr wir sie sehen und erleben, den Baum vor unserem Haus, den Tisch, an dem wir sitzen, so sehr ist dieses Beziehung und Veränderung, von Moment zu Moment. Auch die Welt ist im Kern nicht greifbar, sie ist eine Energie von Werden und Vergehen, von Austausch, von Beziehung, von Wandel. Und am lebendigsten fühlen wir uns, wenn wir genau dieses spüren oder kreieren können. Ein Gedicht kann diesen Zustand in uns auslösen, ein tiefer Blick aus einem Paar warmer Augen, der Wind, die untergehende Sonne an einem späten Oktobertag, das Leuchten, das sie über die Landschaft wirft. Am lebendigsten fühlen wir uns, wenn wir das nicht Greifbare des Lebens fühlen und wachrufen. Durch das, was wir tun, und durch das, was wir sind.

Die größte Erlaubnis, die wir uns geben können, ist die, zweckfrei zu sein. Und das heißt, einfach zu sein, da zu sein. Im Kern definiert sich das Leben nicht durch einen Zweck, sondern durch sich selbst. Hier liegt die wahre Freiheit. Die Dichterin Hilde Domin hat es in Bezug auf das Schreiben mir gegenüber einmal so formuliert: »Gedichte sind nicht auf andere gemünzt, sondern man schreibt für sich selbst. Etwas ausdrücken, was einen belastet oder freut. Sie sind zweckfrei. Wie Liebe zweckfrei ist. Ich finde es sehr wichtig, dass etwas zweckfrei sein kann. Gedichte sind zweckfrei, aber hinterher wächst ihnen ein Zweck zu. Das kann sein.«[13]

In diesem Zustand der Zweckfreiheit lösen sich die Grenzen zwischen innen und außen auf, ebenso die zwischen Tun und Nichttun. Und das Schöne ist, wir gehen nicht verloren dabei, vielmehr legt sich jener Glanz um uns, jenes Leuchten, das zwischen Werden und Vergehen, zwischen Reife und Neuanfang, zwischen Jetzt und Morgen changiert. Es kommt Leichtigkeit ins Spiel und vor allem kommt das Spiel ins Spiel. Wenn wir erst einmal absehen von unseren engen Grenzen, das vermeintlich Festgeschriebene verlassen, dann gesellt sich zum Moment der Lust das Spielerische hinzu. Und Spielen ist eine Form des Wachsens und des Lernens, die der Schöpferkraft des Menschen generös Ausdruck verleiht, ganz im Sinne Friedrich Schillers, der es in seiner Schrift »Über die ästhetische Erziehung des Menschen« so formulierte: »Denn, um es endlich auf einmal herauszusagen, der Mensch spielt nur, wo er in voller Bedeutung des Wortes Mensch ist, und er ist nur da ganz Mensch, wo er spielt.«[14]

Das Spiel kennt keinen Nutzen, es kennt die Freude am Tun, und aus den Entdeckungen bei diesem Tun kann man Nutzen ziehen. Das Spiel feiert die Schöpfung, da es sich keine Begrenzung auferlegt, und wenn, dann sind es spielerische Grenzen. Gespielt haben wir als Kinder, als wir das große Staunen noch praktizierten, und wenn Sie es sich jetzt wieder gestatten, dann lernen und wachsen Sie auf neue Art und Weise, Sie laden die Möglichkeiten ein, in Ihr Leben zu kommen. Mit Entdecker- und mit Forschergeist gehen Sie an Ihre Projekte und schauen, was aus ihnen wird. Das Spiel ermöglicht die Raumgebung. Die Raumgebung ermöglicht, dass wir im Fluss bleiben, im Austausch und im Bewusstsein, dass alles Austausch ist, Korrespondenz. Leichtigkeit kommt ins Spiel. Das Bedürfnis zu teilen wird zur Selbstverständlichkeit und alles will geteilt sein, die Gaben und die Fähigkeiten, die wir haben, inklusive unserer Lust am Tun, unserer Lebendigkeit, die eben nichts ausschließt, gar nichts, auch den Tod nicht. Er ist Teil des Spiels, Teil dessen, was diese riesige blaue Kugel ausmacht, die entstanden ist, weil etwas sich teilte und immer weiter teilen will.

Wenn wir sprechen und schreiben, teilen wir uns mit. Mit was eigentlich oder mit wem? Wir teilen das innewohnende Prinzip des Entstehens, des Entfaltens, es kommt aus dem immateriellen Raum, wie die Sprache. Aus jenem Raum, in dem wir sind, wenn wir auf die Erde schauen und sie lieben, aus jenem Raum, in dem wir uns als unser Selbst erkennen, auch wenn wir nicht sagen können, in welchem Organ dieser Raum wohnt. Er ist eben keine erdachte Funktion des Gehirns. Das Leben ist das, was das Leben übersteigt, und wir geben ihm Ausdruck durch unsere Art zu leben und durch unsere Kunst, durch das, was uns berührt, wenn wir ein Lied hören, ein Gedicht lesen, das Leuchten des Ahorns im Herbst bestaunen. Und wir geben ihm Ausdruck durch unsere Sprache, auch sie zeigt sich zunehmend als einzigartig und zugleich als das Instrument, das uns mit allem verbindet, auch mit dem, das noch kommen wird.

Schreibend begeben wir uns in diesen Raum, dem Sein, das wir sind und von dem wir zugleich zeugen, Sprache gebend.

Wir sind immer mehr wir selbst geworden und manchmal ist es nun schon gar nicht mehr so wichtig, dass wir es sind. Wir leben Verbindung und wir leben Einzigartigkeit, anstrengungslos. Und fallen wir heraus aus diesem Zustand, schreiben wir wieder. Wir übergeben der Sprache das Ruder. »Du bist und du bist nicht«, sagt die Sprache, »so wie ich bin und nicht bin«. Auf diese Weise erzeugen wir etwas Wundervolles. Wir leben im Raum der Poesie.

Impuls

Und jetzt dürfen Sie wieder an Ihren Schreibplatz gehen und eine Geschichte schreiben, von dem, was kommt, und Sie schreiben Sie so, als spiele sie in der Zukunft, aber so, als habe sie dort schon stattgefunden. Ist das nicht großartig? Das kann Sprache und Sie schreiben wieder nach dem Prinzip »Erster Gedanke, bester Gedanke« und vielleicht auch in der dritten Person, das steht Ihnen völlig frei. Und vielleicht kommt eine Idee, die gar nicht unmittelbar mit Ihnen zu tun hat, und vielleicht spielen Sie einmal mit dem Schreiben:

»Als alles anders geworden war …«

Denken Sie daran, das muss nicht Ihr erster Satz sein, das ist der Impuls, und jetzt heißt es hinhorchen: Was fällt Ihnen dazu ein? Wo spielt Ihre Geschichte? Im Wald? Im Büro? Auf dem Mars? Wer erscheint Ihnen, welches Wesen kommt gerade auf Sie zu? Wie ist das Wetter, scheint die Sonne?

Erobern Sie das Terrain Ihrer Phantasie, gönnen Sie sich das Vergnügen. Schreiben Sie wie ein Kind spielt: ganz ernst.

Vom Werden und Vergehen

Während meines Schreibens ist es November geworden, jener Monat, der an uns rüttelt, egal, wie weit wir auf unserem Weg sind. Das Licht wird kälter, der Himmel klarer, die Schatten länger, etwas Wildes zeigt sich, etwas Ungebändigtes, und wenn es sich nicht zeigt, dann liegt es im Nebel und ruft uns in die Anderswelt der Zeichen und Geheimnisse, hüllt uns in graue Ungewissheiten, in denen genau das Gegenteil passiert, alles verschwimmt, wird undeutlich.

Ich liebe beides, ich bin aber auch ein Kind dieses Monats. Mehr noch als den Nebel, der zauberhaft sein kann, der die Schwelle zum Reich des Magischen markiert, liebe ich aber den Wind, wen wundert es, den Novemberwind, der die Wolken über einen frisch geputzten Himmel peitscht, das Laub vor sich hertreibt und manchmal die Natur aufscheinen lässt, als sei sie eine hyperrealistische Phantasie. Und nachts funkeln die Sterne kalt und hell am schwarzen Firmament. Ich fühle mich dann immer wie emporgezogen und vor allem fühle ich mich in dieser Art Wind immer sehr frei. Frei für das Neue und bereit.

Wofür? Dafür, dass das, was vorbei ist, gehen darf? Aber geht immer nur das, was vorbei ist? Gehen nicht auch die Dinge im Leben von uns oder die Menschen, die da sein sollen, die in der Mitte ihres Lebens stehen, die wir brauchen, die wir lieben?

Und was verlassen wir, denn wir gehen ja auch, wenn wir weitergehen? Wir gehen weg – von dem, was war, wir wollen es verlassen. Ist es also vorbei? Heißt Werden und sich Entfalten auch sich und andere verlassen?

Während ich an diesem Buch hier schrieb, ist ein mir sehr naher Mensch gestorben, zu früh würde man sagen. Aber ich sah, dass dieser Mensch im Sterben immer mehr er selbst wurde, es zeigte sich etwas in solcher Klarheit und Deutlichkeit, kraftvoll und wunderschön, das zuvor hinter einer Nebelwand verborgen gewesen schien. Dieser Mensch ging sehr bewusst hinüber auf die andere Seite und wurde gut und bewusst begleitet. Ein Gnadengeschenk, im Sterben wachsen, keine einzige Sekunde lang beschäftigte mich die Frage »wofür?«. Dafür: für das Wachsen, für das Werden, für das sich Entwickeln, sich Entfalten, für das Selbstwerden. Für das Leben. Im Sterben also Leben?

Selbstentfaltung ist unweigerlich ein Weg, der zu der Frage nach dem Vergehen führt. Und mehr noch: Er führt ins Vergehen. Wir alle vergehen, gehen wir aber diesen Weg, dann wird uns das bei jedem Schritt bewusster. Je bewusster wir unser Leben gestalten und leben, je intensiver wir es leben, je lebendiger wir werden, desto mehr werden wir uns des Vergehens bewusst. Je weiter wir mit dem, was wir schaffen, mit unserem Projekt, mit unserer Arbeit, mit unserem Bild, mit unserem Buch, voranschreiten, desto näher kommen wir dem Ende und das Ende bedeutet das Vergehen, denn wir geben es weg, nicht nur weiter, wir teilen nicht nur, wir stellen fertig, wir beenden etwas. Und dieses Enden ist Vergehen. Die Poesie, die darin liegt, ist die, dass das Vergehen dem Werden innewohnt, das macht es ja so zart, so schützenswert, so bezaubernd: das kleine Wesen der Blume, die sich Bahn bricht im Schnee, das Menschenkind, das mit den Armen rudert, mit dem Kopf wackelt, mit dem Mündchen schmatzt und saugt. Wir sind berührt, weil es vergeht. Und am liebsten würden wir es halten und sagen, nein, das passiert dir nicht. Wir möchten es bewahren vor der Endlichkeit, aber gerade weil wir es nicht bewahren können, ist es von solch großer Kostbarkeit.

Werden ist so kostbar, weil es das Vergehen birgt. Weil alles Werden auch Vergehen ist. Und die Angst vor dem Werden ist die Angst vor dem Vergehen. Im November, spätestens im November, wird uns das im Jahreslauf bewusst. So fragil und so zerbrechlich ist die Welt, so fragil ist der Mensch, so fragil sind wir. Wie berührend diese Zartheit ist, der Moment, in dem ein Mensch die Augen schließt, für immer.

Aber ist er weg? Bleibt nichts? Ist vorbei einfach vorbei? Schreiben wir, damit etwas bleibt? »Was bleibet aber, stiften die Dichter«[15], wie Hölderlin sagte? Ist es das? Und was, wenn es keiner liest? Lohnt es sich, all die Mühen der Arbeit am Selbst, am Leben. Wenn dann doch der Sturm kommt und alles wegfegt?

Stirb und werde.

Ich glaube, dass dieser Monat mit seinem rüttelnden Wind, seinem läuternden Licht und all den existenziellen Fragen, die er stellt, uns die Krone aufsetzt. Selbstentfaltung gibt es nicht, ohne dass wir uns der Tatsache stellen, dass Leben Werden und Vergehen ist. Dass zum Wandel, zum ewigen Wandel das Vergehen gehört, das, was wir Tod nennen und was doch nur Verwandlung in ein anderes ist. Selbst wenn wir glauben, dass dieses andere nur Asche oder Erde ist. Es ist und es ist verwandelt. Leben verwandelt sich in Gelebtes.

Es ist nicht weg und das, was spürt, dass es nicht weg ist, das ist der Zustand, der noch tiefer ist als unser Selbst, als unser freier, sicherer Ort. Das, was das Vergehen umarmt und im Vergehen das Werden, das ist das SEIN. Jene Ebene des In-der-Welt-Seins, in der Tod und Werden weiter nichts sind als das Größte, das wir kennen: das Geheimnis des Lebens. Und manchmal, an gewissen

Tagen zu gewissen Stunden, kann man sich dafür öffnen in einer Art hingebungsvollen Andacht, dann ist die Welt sehr weit und der Himmel sehr hoch und in uns bebt es so stark, dass wir meinen zu vergehen, aber es ist nur die Essenz des Lebens, das SEIN, das pochende Herz der Welt, der Summton Gottes, mit dem er das hier alles bewegt. Das Lied des Lebens. Und wir singen es. Sie singen es und ich singe es, es ist eine Art Andacht. Man kann es nur erleben, wenn man innehält, man muss innehalten, um es auszuhalten, es ist der Moment, kurz bevor es uns zerreißt. Stark wie der Moment, als alles entstand. Stark wie der Moment, in dem alles vergeht. Leben. Eins. In uns. In allen, und allem was ist.

Das Ende, das ein Anfang ist

»Advenire« ist das lateinische Wort für Ankommen, und ich finde, der Advent, sieht man einmal von all dem ab, was ihn verunstaltet, ist eine der schönsten Zeiten im Jahreslauf. Dass wir den Beginn einer neuen Geschichte feiern, bevor sie beginnt, ist zauberhaft genug. Wir kommen also im Entstehen an. Und Sie kommen dort nun ebenfalls an, dafür muss es nicht Dezember sein.

Es ist ein Entstehen, das wir als Bewusstseinsprozess begreifen, inzwischen selbst kennen und feiern. Es wird sich Geist in Materie verwandeln und Materie in Geist, und beides wird voneinander durchdrungen sein.

Unsere eigene Geschichte, unsere Sprache, unsere ureigene Ausdrucksform entspricht exakt dieser Erzählung, die wir symbolisch feiern, wenn das Jahr sich neigt. Wir feiern die Geburt eines Entfaltungsprozesses, der uns beispielhaft, wie es Geschichten tun, den Weg bis zur allerhöchsten Bewusstseinsstufe erzählt. Es ist die Geschichte eines Menschen, zusammengesetzt aus Geschichten, die dieser Mensch erlebte und initiierte, um einen einzigartigen und doch mit allem verbundenen und allgemein gültigen Weg zu gehen. Wir feiern den Beginn, weil wir das Ende kennen, das Ende, das keines ist, weil wir den grandiosen Beginn kennen.

Doch tatsächlich ermöglichen es uns erst das Wissen um Vergänglichkeit und deren Akzeptanz, vor dem Hintergrund des schwarzen Lichts des Alls das ewig brennende Licht des Lebens zu erkennen. Und wenn es nur die eine Kerze ist, die sich entzündet, sie vergeht nicht, wenn sie erlischt. Denn längst hat ihr Licht ein anderes entfacht.

An dieser Geschichte schreiben wir alle. Wir schreiben an der Schrift des Lebens und jede und jeder in seiner einzigartigen Ausdrucksform.

Das Leben erkennt sich in uns und wir uns in ihm. Darin liegt auch eine große Verantwortung. Da sie sich in Form von gegenseitiger Liebe zeigt, brauchen wir nicht zu fürchten, dass sie uns überfordert. Es ist keine Last, sondern Lust. Freude ist der Anfang und sie ist das Ende.

Am Anfang prickelt in ihr eine Portion Euphorie, am Ende durchzieht sie eine Spur Melancholie. Aber wie gut, dass es gar kein wirkliches Ende gibt. Es ist wie im Kino, wenn es nach einem richtig guten Film »The End« heißt, dann geht die Geschichte in Wahrheit auf einer anderen Ebene weiter bzw. sie beginnt unter gereifteren Konstellationen wieder und noch einmal neu. Und es ist an uns, ihren Faden aufzunehmen, der Spur zu folgen und sie neu zu erzählen, in uns, durch uns, für uns und für die anderen. Das Ende ist immer ein Anfang, sein Name ist Neuland.

Schon als Kind hätte ich immer so gern gewusst, wie es weitergeht.

Sie auch?

Impuls

Egal, zu welcher Zeit Sie die Lektüre dieses Buch beenden – es muss nicht der Dezember sein – ist für Sie Advent. Sie kommen an, dort, wo alles beginnt, bei sich selbst.

Ab jetzt werden Sie mehr und nachhaltiger von diesem Ort

aus weitergehen. Es macht nichts, wenn man mal herausfällt und »neben der Spur« läuft, das ist auch nur Teil des Weges.

Sie kommen an, wo Sie schon immer waren, und doch betreten Sie nun Neuland, denn jeder Schritt, mit dem wir uns bewusst entfalten, verändert uns und verändert ebenso die Welt.

Und hier ist Ihre Schreibaufgabe, diesmal bekommen Sie zwei Wörter:

»Ankommen«
und
»Neuland«

Denken Sie daran: Erster Gedanke, bester Gedanke. Schreiben Sie, was Ihnen in den Sinn kommt, der Sinn, das ist die Stelle zwischen Kopf und Herz, wo unser Ausdruck wohnt. Nehmen Sie sich Zeit, so lange Sie mögen.

Schreiben Sie. Und denken Sie daran, Sie schreiben am Manuskript des Lebens mit und das Leben, vertrauen Sie ihm, führt Ihnen die Hand.

Epilog

Ein Jahr ist vergangen, und ich habe Sie mitgenommen auf den Weg, ein wenig auch in mein Leben, zu meinen Erkenntnissen und ebenso durch den Jahreslauf.

Ich beende dieses Buch nicht im Dezember, sondern erst im März. Und auch nicht in Deutschland, sondern im Norden Teneriffas, inmitten dieser archaischen Landschaft, die daran erinnert, dass es Feuer war, das die Erde entstehen ließ, und Wasser, das sie kühlte, und dass die Kraft der Elemente die unsere noch immer übersteigt.

Hier lasse ich das Jahr noch einmal Revue passieren. Es war so dicht wie das Leben nur sein kann. Ich habe Freude und Aufbruch erlebt, Krisen und Engpässe, die aus dem Nichts auftauchten, sich bedrohlich aufspielten, um sich so schnell, wie sie kamen, wieder aufzulösen. Ich habe die Fülle in meinem Garten genossen, viele neue Menschen sind in mein Leben getreten, Freundschaften sind entstanden und ich habe – wie so oft schon im Leben – unvermutete und unglaubliche Unterstützung erhalten. Vertraute, geliebte Menschen haben mich verlassen, sind den Weg auf die andere Seite des Lebens gegangen, meine Schwester war eine von ihnen.

Das Manuskript zu diesem Buch entstand und mir schien es, als würden sich Leben und Schreiben tatsächlich durchdringen, ich behaupte nicht einfach irgendetwas, ich erlebte es auch diesmal beim Schreiben wieder genau so, wie ich es hier festgehalten habe.

Kein Wunder also, dass ich genau bei dem Kapitel über den großen Umschwung, in dem ich schreibe, dass wir das Leben nicht länger als Kampf begreifen müssen, um zu wachsen, ernsthaft krank wurde. Ein Weiterschreiben kam nicht infrage. Das Einzige, was ich tun konnte, war nachzudenken darüber, was die Krankheit mir sagen wollte, was hatte sie mit dem zu tun, das ich gerade in Worte fasste? Hatte ich unrecht? War das die Prüfung? War ich vermessen, lehrte mich das Leben gerade, dass es sehr wohl aus Kampf besteht und man sich nur durch den Kampf entfalten kann? Also genau das Gegenteil zu dem, das ich gerade darlegen wollte?

Dies war für mich die schwierigste Zeit. Ich wollte doch unbedingt weitermachen, den Abgabetermin einhalten, pünktlich und wie gewohnt nach mehrfacher Überarbeitung fertig sein. Ich wollte doch »artig« sein, funktionieren.

Während ich auf dem Sofa lag und versuchte, die nächsten Seiten zu denken, wenn ich sie schon nicht schreiben konnte, verstand ich es plötzlich. Die mir auferlegte Pause war dringend erforderlich, nicht für meine Erholung, wie die Wohlmeinenden nicht müde wurden, mir zu erklären, nein, die Pause diente dazu, mir klarzumachen, dass ich einmal wieder die Spur verloren hatte. Anstatt mein Schreiben ernst zu nehmen, waren all die Äußerlichkeiten in den Vordergrund gerückt, der Termin, die anrollende PR-Arbeit, Hektik hatte sich in mir breitgemacht. Ich musste nicht kämpfen, sondern aufhören zu straucheln, durchatmen und meinem Leitstern weiterfolgen, dem, was ich in die Welt bringen wollte.

Als ich das erkannte, stand ich auf und schrieb weiter. Und was ich schrieb, überzeugte mich nur noch mehr und es gefiel mir auch wieder besser. Was sich über Jahre hinweg vorbereitet hatte, kam nun endlich aufs Papier. Und ich darf es abgeben. Ich darf teilen, was ich meine, erkannt zu haben, es ist ein Angebot. Andere, Sie, werden es aufnehmen, annehmen, variieren und Ihr Eigenes daraus kreieren, um eben dies wieder weiterzugeben.

Die letzten Seiten schreibe ich nun nach einem besonderen Tag. Es kamen Neumond, eine Sonnenfinsternis und der Frühlingsanfang zusammen. Und – wen wundert es noch – es stürmte. Mit den Teilnehmern meines Seminares schaute ich auf den tobenden Atlantik. Am Morgen noch hatte das Meer sich weit zurückgezogen, eine tiefe Ebbe. Dann schob es unter dem sich verdunkelnden Himmel eine merkwürdig weiße Nebelschicht über seinem Wellenkamm auf das Land zu. Es war kalt.

Für unser Seminar war es der krönende Abschluss. Wir lasen uns die entstandenen Geschichten vor, saßen im Kreis und staunten berührt und geradezu fassungslos über all das, was wir hörten. Was durch unsere Worte, unsere Schrift, unsere Sprache an Tiefem, Schönem, schmerzhaft Heilsamen in die Welt gekommen war.

Erst jetzt, da ich das tippe, was Sie gerade lesen, begreife ich, in welch archetypischer Situation wir uns befanden. Draußen knallten die Elemente aufeinander, drinnen zündeten wir das Feuer an und erzählten. Taten das, was die Menschen seit Anbeginn der Zeit machen, um ihr Wissen, ihren Erfahrungsschatz zu teilen und weiterzureichen.

Als wir fertig waren, zeigte sich draußen die Sonne wieder. Und am Abend haben wir gefeiert, gegessen, getrunken, gesungen, gelacht.

Das Leben – ein Fest. Leben Sie. Schreiben Sie Ihr Leben. Schreiben Sie sich ins Leben.

Impuls

Während Sie dieses Buch gelesen haben und die Schreibimpulse aufgenommen haben, ist Ihr eigenes Buch entstanden. Nehmen Sie Ihr Schreibheft hervor, legen Sie die gemalten Blätter um sich aus, das mit »ICH SELBST WERDEN«, das mit dem großen JA in der Mitte, die Listen. Verteilen Sie alles auf Ihrem Tisch und lassen Sie es auf sich wirken.

Mit all diesen Übungen können Sie weitermachen, Sie können alle jederzeit wieder aufnehmen.

Jetzt aber bitte ich Sie, die Aufmerksamkeit darauf zu lenken, wie viel Sie bereits erreicht haben, was da alles an gestalteter, geschriebener Erkenntnis vor Ihnen liegt.

Blättern Sie, lesen Sie einzelne Einträge noch einmal, nehmen Sie sich Zeit. Und dann nehmen Sie sich ein separates großes Blatt und fertigen eine neue Liste an:

»Was sich alles verändert hat ...«

Legen Sie das Blatt zu den bemalten anderen.

Nehmen Sie ihre Schreibsachen und schreiben Sie, das ist ihr Thema:

»ICH SELBST SEIN«

Schreiben Sie, was Ihnen in den Kopf kommt und so lange Sie mögen. Gönnen Sie sich eine Pause, lesen Sie den Text noch einmal, räumen Sie alles zusammen. Am Schluss fertigen Sie eine Liste nach dem Prinzip der »Übung der 10 Dinge« an:

»Womit ich weitermachen werde ...«

Schreiben Sie stichwortartig zehn Punkte untereinander und beginnen Sie den 11. Punkt mit den Worten:

»Und dann ist da noch …«

Geben Sie sich das Versprechen, weiterzuschreiben. Halten Sie das Versprechen.

Danksagung

Ich danke all den Menschen, die mich bei dieser Arbeit unterstützt haben, eine Arbeit, die über einen sehr langen Zeitraum in mir heranwuchs und die hiermit einen geschriebenen Ausdruck fand. Ich danke meinen Lehrerinnen und Lehrern, hervorheben möchte ich in Bezug auf dieses Buch Chögyam Trungpa, Meister Xiao Yao, Christina Kessler, Annette Kaiser; außerdem danke ich den vielen Autoren und Künstlern, mit denen ich im Austausch stehe.

Ich danke meiner Familie, die mir Kraft und Verständnis gibt, immer wieder. Und ich danke meinen Freundinnen und Freunden für die inspirierenden Gespräche, für ihre Hilfe mit Rat und Tat.

Vor allem danke ich meinen Seminarteilnehmern und all denen, die mir ihre Geschichten anvertraut haben, all denen, mit denen ich arbeiten durfte und darf und insbesondere denen, deren Geschichten ich hier weitergeben durfte.

Sie haben mich alle reich beschenkt.

Quellen und Links

Erwähnte Bücher

Liane Dirks: *Die liebe Angst*, Neuausgabe mit Vorwort der Autorin, Köln (Kiepenheuer & Witsch) 2015

Liane Dirks: *Krystyna*, Neuausgabe Köln (Kiepenheuer & Witsch) 2015

Krystyna Zywulska: *Tanz, Mädchen …*, München (dtv) 1998. Leider nur noch antiquarisch zu beziehen.

Quellen

1. Friedrich Hölderlin: »Der Gang aufs Land. An Landauer«, zitiert aus Walter Müller-Seidel (Hrsg.): *Exzentrische Bahnen. Ein Hölderlin-Brevier*, München (dtv) 1993
2. Rainer Maria Rilke: »Aus dem Nachlass des Grafen C.W., Erste Reihe, Gedicht X, Wunderliches Wort: die Zeit vertreiben!«, in: *Die Gedichte*, Frankfurt am Main (Insel) 1998, S.909
3. Zitat Isabel Allendes aus einem Interview anlässlich ihres TED-Vortrags, gehalten im März 2007 in Monterey, Kalifornien
4. Hier zitiert nach J. Campbell: *Die Kraft der Mythen. Bilder der Seele im Leben des Menschen*, in Zusammenarbeit mit Bill Moyers, Zürich/München (Artemis & Winkler Verlag) 1994
5. Christa Wolf: »Lesen und Schreiben«, Aufsatz von 1968, in: *Lesen und Schreiben, Neue Sammlung. Essays, Aufsätze, Reden*, Darmstadt (Herrmann Luchterhand Verlag) 1980

6. *Die heilige Schrift, Altes und Neues Testament*, Matthäus 5.37, hier zitiert nach der Württembergischen Ausgabe, Bibelanstalt Stuttgart 1962
7. Ingeborg Bachmann: »An die Sonne« in: *Anrufung des großen Bären*, München (Piper) 1956
8. Jean Gebser: »Vom Spielenden Gelingen« in: *Kleine Schriften*, Schaffhausen (Novalis-Verlag) 1986, S.396 ff.
9. Lou Albert-Lasard: *Wege mit Rilke*, Frankfurt am Main, 1952
10. Johann Wolfgang Goethe: *Dichtung und Wahrheit. Aus meinem Leben*, Zweiter Teil, Neuntes Buch, hier zitiert nach Johann Wolfgang Goethe, *Sämtliche Werke*, Münchner Ausgabe, Bd.16., München (Carl Hanser Verlag) 1985, S.418
11. Programmheft ZIST (gemeinnützige GmbH) 2015
12. Hanns-Josef Ortheil: *Das Kind, das nicht fragte*, München (Luchterhand Literaturverlag) 2012,. S.123
13. Virginia Woolf: *Ein Zimmer für sich allein*, Berlin (Gerhard Verlag) 1978, S.59
14. vgl. auch: Hilde Domin: *Wozu Lyrik heute. Dichtung und Gesellschaft*, München, 1975 und Deutschlandfunk, Studio LCB: *Hilde Domin im Gespräch mit Liane Dirks*, 1998
15. Friedrich Schiller: »Über die ästhetische Erziehung des Menschen, in einer Reihe von Briefen«, in: *Werke und Briefe*, Bd.8, Frankfurt am Main (Deutscher Klassiker Verlag) 1992, S.614
16. Friedrich Hölderlin: »Andenken«, zitiert aus Walter Müller-Seidel (Hrsg.): *Exzentrische Bahnen. Ein Hölderlin-Brevier*, München (dtv) 1993

Links

Hinweise auf die Seminare von Liane Dirks finden sich auf ihrer Website:
www.liane-dirks.de